사랑시, 사랑한다

온유안 지음

작가의 말

사랑하며 살고 있나요?

사랑,
 나의 작은 외침이다. 내가 세상을 사랑하는 방법이 있다면 이 글을 쓴 것이 그중 일부일 것이다. 나의 인생길 어느 시점에서 기댈 곳조차 없는 사람들이 생각보다 많다는 것을 알게 되었다. 지친 몸 편히 쉴 곳도 없는 사람들, 지친 마음 편히 웃을 수 있는 곳이 없는 사람들이 많다. 이 슬픔이 드러난 사람도 있고 감추고 사는 사람도 있고 자신의 안타까운 상황을 인식조차 하지 못하고 사는 사람들도 왜 이리 많은지.
 '사랑'이란 생존, 종족 유지를 위해 가지게 된 여러 감각, 쾌락을 심어둔 생존법, 감정 중 하나일 뿐인데 인간 스스로 지나친 감성적 해석을 불어넣은 것인가? 아니면 어떤 존재가 심어준 선물이자 우주 시스템 원리이자 절대적 진리인가? 자연의 생존 본능에 의해 진화한 것인가?

 이 질문에 답을 해 보기 위해 앞서 노력해 보았지만, 우주에 갇힌 존재가 알아낼 수 없다는 한계만을 다시 한번 깨닫는다. 우리는 우리의 현실, 현재만을 실감하며 한 치 앞도 보이지 않는 미래를 조심스레 맞이하고 있다. 기억으로만 남겨지는 과거를 돌아볼 겨를도 없이 쉼 없이 다가오는 미래를 아무런 저항도 못 한 채 맞이하고 있다. 과거는 아쉬워할 틈도 주지 않고 사라져 가고 미래는 우리 의사를 물어볼 생각도 없이 밀려온다. 그렇게 지구가 태양을 100 바퀴를 돌기도 전에 끝나고 마는 잠깐의 생애를 우린 먼지보다 작은 지구라는 행성에서 살아간다. 그 끝을 준비하고 대비하려고 애써 보지만 우린 무언가 준비할 것이 있긴 한 것인가? 뭔가를 준비할 수는 있는 것인가? 나의 삶에 그 어떤 미련도 남기지 않으면 되는 것인가? 죽음을 인정하고 인간의 한계를 직시해서 넓은 아량으로 안아 주면 인간이 할 수 있는 최고의 준비를 하는 것인가? 그저 죽음을 이해한 것일 뿐 죽음 앞에 초라해지는 인간이 굴복하는 것은 아닌가? 아직은 미비하지만, 인간은 호기심과 돈의 힘으로 생명 연장을 이루어내고 있으며 죽음에 맞서기도 하다.

 우주의 생태계, 그 시스템 속에 인간의 삶은 무한소(無限小)하며 거창한 의미를 부여하기엔 미약한 존재이다. 그런 존재가 종족 번식과 생존의 본능만이 있을 것 같은 세상에 '사랑'이라는 단어를 이제부터 거대한 그릇에 담아보려 한다.

 사랑의 그 실체는 잠시 접어두고 사랑이 한 개인의 생존에 어떤 역할을 할까? 인간은 심장이 뛰기 시작하는 순간부터 사랑이 시작된다. 우리의 삶을 아주 짧지만 온전하게 정리해보자.

 전쟁 속에서 신(神, God)은, 사랑과 자비의 흔적을 찾아보기 어렵다. 쓰레기처럼 처리되는 인간의 시체를 본 적이 있는가? 인정사정없이 서로를 향해 칼과 총을 겨누고 살인은 복수를 낳고 인간을 점점 포악한 짐승으로 변질시킨다. 짐승을 사냥하듯 타인을 쓰러뜨린다. 승리를 위해 수많은 자국의 자녀들을 전쟁터로 보내며 함께 했던 전우를 죽음의 늪으로 몰아넣는다. 부모와 형제간에도 서로 칼과 총을 겨누는 참혹한 곳에 '사랑'은 존재하지 않는다. 세계가 전쟁터로 얼룩진 지 76년이 지났고 이 땅에 전쟁이 멈춘 지 68년이 되었다. 그 사이에도 지구에는 전쟁이 멈춘 적이 없지만, 이 땅에서는 인간의 삶을 가장 처참하게 만들어 버리는 전쟁이 없는 시기였다. 그러나 전쟁이 없었을 뿐 우리의 삶은 평화와 행복만으로 채워지지 않았다. 칼, 총으로 상대를 겨누는 전쟁과 다름없는 삶의 전쟁이 있어 왔다. 이념의 대립, 권력 다툼, 독재와의 전면전 등 이 땅에서 산다는 것이 또 다른 전쟁이었다. 사회의 혼란과 법과 양심이 결핍된 세상은 사회적 약자들을 거칠게 다루었다. 고아가 된 아이들, 장애를 가진 사람을 청소하듯 모아 강제로 집단 수용소에 가두고 노동 착취와 감옥 생활을 방불케 하는 삶을 살게 했으며 여성은 납치, 사기, 협박, 감금에 원하지 않는 일을 하며 안타까운 삶을 살았다. 그리고 한 해 몇만 명씩 실종되어도 생사 확인조차 이루어지지 않았다. 돈과 깊은 관계를 맺은 법과 권력, 심지어 국민을 돌봐야 하는 국가기관도 약자를 외면하였다. 노동자들은 비정규직으로 내몰려 기본적인 삶의 경제력조차 상실해 버리고 가난한 사람들은 개발을 목적으로, 심지어 보기에 안 좋다는 이유로 폭력적인 내몰림을 당하였다. 이 모든 일이 부당하다고 항의한 사람들은 모난 돌이 정을 맞듯 쓰러져 갔다. 그리고 국가적 경제 위기 상황이 몰려와 갑작스런 실직의 충격 등…. 아, 여기서 어찌 다 다룰 수 있겠는가?

 더 슬픈 것은 약육강식의 이치를 거스를 수 없다는 것이다. 인간은 다양한 재능을 가지고 태어난다. 이 말속에는 사회에서 원하는 재능이 별로 없는 사람들까지 포함한다. 모든 인간은 부족한 부분을 가지고 태어나지만, 누군가는 한 분야에서 탁월한 재능을 발휘하여 조금은 안전한 삶을 누리며 또 다른 누군가는 특별한 재능을 가지지 못한 채 태어나 국가와 단체, 누군가의 도움이 없이는 살아가기 힘든 삶을 산다. 재능을 가지고 태어났다고 하더라도 자신보다 더 노력했거나 좀 더 유능한 실력이 있는 사람을 만나면 경쟁에서 밀려 험난한 삶을 살기도 한다. 우리와 우리가 속한 사회는 1등에게 환호하며 모든 갈채를 보낸다. 가장 잘하는 사람, 최고에게만 찬사를 아끼지 않는 전쟁터와 같은 세상을 살아가야 하는 한, 개인은 더 강해져야 하며 더 노력해야 한다. 인류만큼은 약육강식의 법칙에서 벗어나야 함을 주장하고 인식하여 여러 사회적 안전망을 설치하려 하지만 턱없이 부족한 것이 현실이다.

 참으로 안타까운 이들이 힘없이, 소리도 없이 그저 흘러가는 오늘 하루를 보내고 있다. 아니 그들이 보내는 것이 아니라 그들은 보내어지고 있다. 알 수 없는 곳으로.

 새벽 나의 몸은 더 자야 한다고 몸부림치는데 나의 정신이 몸을 일으켜 깨운다. 한참을 다시 잠들려고 노력해 보지만…. 나는 누구이며 무엇인가? 풀 한 포기, 물고기 한 마리가 자신이 누구이며 왜 존재했다가 사라지는지 소리쳐 물어보는 것과 같은 존재에 불과한 것인가? 아니면 정말 영원한 존재일 수 있는 가능성을 가진 존재인가? 이미 영원한 존재인가?

갑자기 머릿속에서 글들이 샘솟는다. 그렇게 계속 스스로 흘러넘치게 내버려 둔다.

사랑의 떨림이 울림이 되어 잠시 살다 가는 우리의 인생, 그동안 행복하게 지내는 것보다 소중한 것이 있을까.

사랑,
있는 듯 없고 없는 듯 있는….
사랑의 정체야 어떻든 우리의 삶에 반드시 필요한 요소임에는 틀림없다는 생각에 이 책을 쓰기 시작했다. 이 작은 책에는 담을 수 없는 드라마보다 드라마 같은, 영화보다 영화 같은 인생을 사는 분들이 너무나 많음을 알게 되어 그들에게 작은 소망의 꽃다발을 선사하는 마음으로 이 책을 드린다. 부디 이 책을 통해 한 분이라도 더 사랑의 마음이 다시 샘솟아 허락된 삶의 시간 동안 행복하길 진심으로 응원한다.

필자에게 가족의 사랑을 알려준 할머니(故 李玉華), 아버지(故 鄭永錫), 어머니 (南貞淑) 그리고 설렘과 애틋한 추억을 알려준 학창 시절 친구들과 첫사랑(이O연), 결혼하기까지 사랑과 이별을 경험으로 알려 준 이들에게 감사의 마음을 전한다. 끝으로 가장 소중한 자녀 온유, 유안, 지유에게 더 표현할 길 없을 만큼 사랑하는 마음을 이 책에 담아 본다.

하루하루의 삶을 사랑으로 채워 나가려 노력하고
내일을 맞이하며 2020년 봄부터 2021년 가을까지
평온한 책상에서

차례

제1화 사랑은 어디에 있는가?
　　　사랑?
　　　인생 발자국
　　　사랑 : 검은 그림자

1. 검은 그림자1 : 부모와의 사랑
　1) 사랑의 반응을 하고 있는가?
　2) 누구를 위한 교육인가?
　3) 소유물
　4) 무관심
　5) 위험에 노출된 아이들
　6) 부모이기를 포기한 사람들

2. 검은 그림자2 : 타자와의 사랑
　1) 사랑의 시작
　　　만남
　　　비이성적 선택
　　　이별
　　　아픔, 그 이상의 고통

2) 결혼
   시작
   암묵적 강요

3) 이혼
   이별보다 무거운
   이혼의 무게
   비극

3. 가깝고도 먼

4. 검은 그림자3 : 신념과 신앙
  1) 인간은 불완전한 존재인가?
  2) 종교에 대한 소고
  3) 뇌 안에 존재하는 신
  4) 군중 심리
  5) 모든 것을 앗아가는 종교

제2화 우리는 반드시 사랑해야 한다.

1. 부모, 자녀와의 사랑
  1) 부모와의 사랑
  2) 자녀와의 사랑

2. 타자와의 사랑
  1) 아름다운 사랑
  2) 우정

3. 세상과의 사랑
  1) 종교와의 사랑 : 신과의 사랑
  2) 세상과의 사랑

4. 자신과의 사랑
  1) 나를 만나자
  2) 나를 사랑하자
  3) 자신을 사랑하는 또 하나의 길

5. 빛나는 사랑
　1) 우리는 반드시 사랑해야 한다.
　2) 감사한 마음은 사랑의 근원
　3) 지금 사랑하라
　4) 죽음까지 사랑하라

6. 사랑, 과연 우리가 할 수 있는가?

- 마무리하며 -

제1화

사랑, 어디에 있는가?

사랑?

상대를 아끼고 정성스러운 마음, 이 마음을 베푸는 것, 기쁨을 불러일으키고 다정다감하고 공감을 이끌어 내게 하는 존재에게 매력, 호감, 욕망, 애정….

사랑을 진지하게 고민해 보았는가? 아니면 깊이 생각은 하며 사는가? 사랑이라는 단어는 자주 사용하고 많이 접하지만, 사랑의 의미와 이 단어가 가지고 있는 가치, 근원에 대해서는 의외로 깊이 생각해 보지 않고 살아가고 있는 것 같다. 사랑은 그냥 사랑이다. 인류의 역사를 돌아보면 사랑에 대한 고민은 항상 있어 왔다. 사랑은 인류의 생명과 삶에 깊이 자리하고 있기에 소홀히 다룰 수 없는 주제이다.

어떤 대상을 아끼고 보호하는 감정, 좋아하는 감정, 애틋한 감정, 연민과 동정의 감정, 공유하는 감정 등을 우린 사랑이라는 단어에 담았다. 눈을 뜨는 순간부터 우린 눈앞에 보이는 대상들에 감정을 싣는다. 좋은 감정을 주고받기 위해 작은 것 하나에도 최선을 다한다. 우리 주변의 모든 것들에 반응하는 인간은 작은 것 하나라도 볼 때마다, 사용할 때마다 감정이 일어나기 때문에 신중에 신중을 기한다. 작은 것 하나도 우리에게 이렇게 큰 영향을 미치는데 다른 것들이야 오죽하겠는가. 사는 공간, 이동 수단, 입는 옷 등을 아름다움으로 채우고 원하는 것들로 배치하는 데 인생을 보낸다고 봐도 될 만큼의 노력과 시간을 사용한다.

우린 숨을 쉬고 살아가는 모든 순간마다 우리 앞에 마주하는 모든 대상에 감정을 느낀다. 이렇게 '사랑'이라는 감정은 필수적인 만큼 표현 범위 또한 상당히 넓다. 부모와 가족 간의 감정부터 연애 감정, 국가에 대한 애국심, 동물이나 식물 등 자연을 사랑할 수도 있고 자신이 하는 일이나 예술 혹은 스포츠 같은 무형의 어떤 것, 즉 국가, 민족, 가치관, 이데올로기, 종교 등 무형의 존재를 사랑할 수도 있다. 더 나아가 신앙 안에 존재하는 신과의 절대적 사랑까지 추구한다. 영원불멸을 소망하는 사랑까지 기대하고 간절히 원한다. 소멸하고 마는 육신을 가진 인간이 마지막 희망을 보이지 않는 저세상 어딘가에 두고 있다. 완전한 존재가 되길 기대하며….

사랑, 아무리 다양하고 포괄적인 의미를 지녔다고 하더라도 그 본성을 논할 땐 인간이 그 중심에 놓이는 데에는 이견이 없으리라 생각한다. 이제 그 사랑으로 한 걸음 들어가 보자.

고대 그리스 철학에서 에로스(eros)는 플라톤(Platon, 기원전 428-348)이 『향연』(symposium)에 "인간 속에서 홀연히 정열적인 모습으로 나타나 불가항력적인 힘으로 인간을 엄습하는 감각적이며 본능적 사랑"이라고 하였다. 아름다움과 본능을 표현하는 에로스는 인간의 본성이 이끄는 사랑의 뜻으로 사용된다. 그리고 아리스토텔레스(Aristoteles, B.C.384/383~322/321)에게서는 에로스 대신 '필로스'(Philos), 즉 친구와 관련된 것으로 우애와 같은 의미를 담고 있다. 필로스는 감각만으로는 감지할 수 없고 오로지 정신만이 파악할 수 있는 것을 지향하고 있기에 '정신적 사랑'이라 할 수 있고, 또한 인격으로서 인간 안에 근거를 두고 있으며, 인격만의 고유한 사랑이기에 '인격적 사랑'이라고 할 수 있다. 정신과 육체는 하나로 긴밀하게 연결되어 있기에 에로스와 필로스 역시 완전히 분리시킬 수 없는 하나의 개념으로 볼 수 있을 것이다. 마지막으로 절대적인 사랑을 가리키는 아가페(agape)를 플라톤은 이상과 동경의 사랑으로 언급하였다. 아가페는 아무런 조건 없이 어느 특정 대상에 국한되지 않고 모든 대상에 사랑을 베푸는 것을 의미하기 때문에 부모의 사랑, 사랑의 근원자인 신의 사랑을 표현할 때 쓰였다. 사랑이라는 한 단어를 설명하기 위해 많은 노력을 기울인 흔적이 엿보인다. 구분되어 있으면서도 복합적이고 단순하면서도 다양하고 부가적인 설명이 필요한 단어, 바로 그것이 사랑이다.

사랑이란 보편적인 감정, 인간의 근원적인 감정이며 인간을 비롯하여 모든 생명체에게 주어진 감정이다. 이 감정은 중요한 역할을 감당하는데 우선적으로 상호 간의 인격적인 교제를 가능하게 한다. 인간은 특정 대상을 사랑하고 그 대상으로부터 사랑을 받으며 살아가는 존재이다. 이렇게 인간은 어떤 대상과 사랑을 주고받으면서 자기 존재 가치를 확인하고 완성된 존재를 추구한다.

 인류가 만든 단어 중 가장 크고 위대하며 온 우주를 담을 수 있는 것이 무엇이냐고 묻는다면 난 망설임 없이 '사랑'이라 말하겠다. 우주 안에서 인류는 티끌만 하다는 비유로도 설명할 수 없을 만큼 미미한 존재이지만 이토록 작은 존재가 사용하는 '사랑'이라는 단어는 우주를 품을 수 있으며 모든 사람을 위로하기에 충분하다. 하지만 인간이 이토록 미천한 존재라는 사실을 알게 된 것은 최근에서야 보편화된 사실이다. 인간은 지금껏 세상의 주인이었고 신이 인간을 위해 세상을 창조하였으며 우주에서 가장 존엄한 인간은 세상의 지배자였다. 심지어 인간 그 이상의 완전한 형상은 상상조차 할 수 없기에 신마저 인간의 모습을 하고 있다고 생각했다. 물론 신이 자신의 형상으로 인간을 지었다고 말은 하지만 인간은 인간 그 이상의 형상을 상상하지 못하는 것이 아닐까. 또한 인간이기에 인간의 편에 설 수밖에 없으며, 그렇기에 인간이 고귀했으면 좋겠고 의미 있는 존재여야 하고, 모든 만물 중 분명 특별한 존재이길 바란다. 그리고 모든 것이 소멸한다 해도 인간만큼은 우리가 마주하는 안타까운 소멸로 끝나지 않기를 바라는 인간적 간절함이 어찌 없을 수 있겠는가. 그 희망이 '사랑'이라는 단어에 내재되어 있는 것은 아닐까.

 우주적인-근원적인 사랑은 인간의 영역이 아닐지도 모르니 잠시 내려놓고 인간의 사랑에 다시 집중해 보자. 사랑은 기본적으로 친밀함을 표현하며 좋아하는 감정이 내재되어 있는 것인데 이 다양한 사랑에 대해 공감 가는 분석을 한 사람이 있다.

 정신분석학자이자 사회심리학자인 에리히 프롬(Erich Fromm, 1900~1980), 그는 자신의 저서 『사랑의 기술』에서 다음과 같이 정리하였다.

사랑은 보호, 책임, 존경, 지식, 이렇게 네 가지 요소로 구성된다. 첫 번째는 보호이다. 보호는 대상에게 관심을 가지고 그를 보호하기 위해 노력하는 본능, 즉 모든 생명체에 보편적으로 내재되어 있는 것이다. 사랑은 사랑하고 있는 자의 생명과 성장에 희생을 아끼지 않는 절대적인 관심이다. 사랑하는 대상의 생명과 성장을 위해서 그 대상을 보호하지 않는다면 우리는 그것을 사랑이라고 말할 수 없다. 에리히 프롬이 제시한 사랑의 첫 번째 요소는 사랑의 근본을 잘 지적하고 있다. 보호는 모든 생명체에 내재되어 있으며 존재하기 위해 노력하는데 바로 이때 빛을 발한다. 이 행위가 초월적이고 절대적인 근원이 아니라 생존 본능이며 종족 유지를 위한 것이라 할지라도 사랑을 논함에 있어 가장 중요한 부분임에는 틀림없어 보인다. 두 번째 요소는 책임인데, 사랑하는 상대의 요구에 따른 자발적이고 적극적인 책임이 뒤따를 때 우리는 비로소 그 감정을 사랑이라고 말할 수 있는 것이다. 그러나 책임이 사랑하는 대상을 소유욕이나 지배욕으로 표현된다면 사랑이 아니라 학대, 폭력, 범죄가 될 수도 있기에 사랑하는 대상을 자신의 종속된 존재로 여기는 것이 아니라 존경심을 가진 책임으로 상대에게 적극적으로 응답해야 한다. 또한 상대를 존경하는 마음이 바탕이 되어 사랑한다는 핑계로 사랑하는 대상을 조종하려 하거나 지배하려 하는 실수를 범하지 말아야 한다. 그래서 에리히 프롬은 책임에는 세 번째 요소인 존경이 반드시 동반되어야 함을 강조하고 있다. 상호 간에 존중이 없는 표현과 관심은 자칫 위험한 관계로 발전할 수 있기 때문에 사랑하는 대상에 대한 존중은 필수적이다. 마지막으로 사랑을 구성하는 요소인 지식은 상대방에 대해서 아는 것을 뜻한다. 상대를 안다는 것은 나 자신을 알 수 있다는 것을 전제하기에 바람직한 사랑을 하기 위해서는 나를 알고 상대를 알아야 한다. 이는 단순히 나와 상대방에 대해서 아는 것이 아니라 나와 상대방을 올바르게 이해하는 것을 뜻하는 것이기도 하다. 사랑하는 대상을 모른다는 것은 결코 사랑이라 볼 수 없다. 또한 에리히 프롬은 사랑을 보편적이고 실천적 측면으로 바라보고 있는데 이 또한 사랑의 본질을 정확하고 탁월하게 분석한 부분이다. 사랑은 말로 하는 것이 아니며 그 어떤 것으로도 표현되지 않으면 사랑이 아니다. 왜냐하면 사랑은 갇혀 있을 수 없으며 가둘 수 없는 본성을 가지고 있기 때문이다. 사랑은 흐른다. 분출된다. 생동감 있게 살아 움직이는 절대적인 본성을 지녔기에 빛을 숨길 수 없는 항성(태양) 같으며 마그마를 품고만 있지 못해 분출하는 행성(지구)과 같다. 그리고 사랑은 말과 행동이 일관성 있게 표현되어야 한다. 사랑은 모든 생명의 본질이며 생명을 가능케 하는 힘을 가지고 있고 그 생명의 에너지를 나누어 주기 때문에 불변하다.

이렇게 인간은 스스로 가지고 있는 사랑이라는 것에 대해 고민하고 설명해 보려는 노력을 고대부터 현재까지 이어오고 있으며 앞으로도 끊임없이 진행될 것이다. 사랑은 모든 생명체의 시작과 함께했기에 인류 역사를 뒤흔들기도 하고 개인의 삶 모든 곳에 자리해 왔다. 인간이 생존과 번식을 통해 유지하려는 본능은 사랑의 본성 중 가장 중심에 있는 것이 분명해 보인다. 에리히 프롬의 '보호'가 사랑의 첫 번째 요소로 나온 것처럼 말이다.

보호의 사랑 그 자체, 아니 그 이상의 사랑으로 우주가 창조 혹은 시작되었기를 바라며, 우주 밖 그 무엇이 존재하든 사랑으로 가득했으면 한다. 이 얼마나 아름답고 찬란하며 더 바랄 것이 있는가. 우리를 힘들게 하고 괴롭게 하는 모든 것이 제거된 그런 장소나 그런 상태…. 그 중심에 바로 '사랑'이 있다.

인생 발자국

　사람이 사람을 사랑하는 것이 당연한데 사랑하며 사는 사람들이 얼마나 될까? 어린 시절 친구들을 좋아하고 함께 어울리는 것을 무척 좋아했다. 요즘 지어진 학교 운동장을 보면 예전에 비해 작다. 하지만 충분하다. 왜냐하면 그곳에서 뛰어노는 아이들이 없기 때문이다. 학교 정규 수업이 끝나고 집이나 학원으로 향하는 아이, 방과 후 수업을 끝나고 집이나 학원으로 가는 아이, 돌봄까지 하고 집이나 학원으로 가는 아이, 학교에 있는 동안은 모두 교실에 있는 것이다. 그리고 보통은 학원으로 뿔뿔이 흩어져 각자 일과에 따라 하루를 보낸다. 이제 학교는 더 이상 아이들에게 놀이터 역할을 하지 못하고 있다. 아이들 역시 친구들과 어울릴 기회를 상실한 채 성장하고 있다. 사람이 사람을 잃어 가고 있는 것은 아닐까? 친구의 빈자리를 학업과 관련된 교육, 예체능과 관련된 교육, 그리고 게임이 대신하고 있다. 초등학교 때 만난 친구가 오랜 친구가 되고 허물없이 지낼 수 있는 보석 같은 사이가 될 수 있을 텐데…. 여러 이유와 사정으로 이사가 많아진 요즘엔 6년 동안 한 학교에 다니는 아이들의 수도 적다. 이제 더 이상 어린 시절 해맑은 친구 사이는 사라지는 것일까? 이 속에서 사랑이 꽃피울 수 있겠는가?

　청소년의 시기에 접어들면 학교 운동장은 수업 시간 용도 이외에는 거의 사용되지 않는 장소로 바뀐다. 가장 즐겁고 행복하게 뛰고 놀 수 있는 인생의 황금 같은 시간을 교실에서만 보낸다. 중학교를 이제 막 시작했는데 대학교 입시 이야기를 듣는다. 수학이 어려워진다, 영어를 못하면 안 된다, 국어 점수가 생각보다 낮다, 역사와 과학도 잘해야 한다…. 숨 막히게 밀려오는 학업 스트레스에 아이들은 하늘을 볼 여유도 없이 하루하루를 보낸다. 온종일 공부하는 것이 아니고, 심지어 공부를 하고 있지 않은데도 뭔가 행복하지 않다. 친구들과 함께 놀고 싶지만 놀 친구가 없다. 겨우 함께 놀 수 있는 친구를 찾아 만나도 뭘 하고 놀아야 할지 몰라 이리저리 돌아다닌다. 공부도 해 본 사람이 잘하고 고기도 먹어 본 사람이 잘 먹는다고 했던가. 노는 것도 마찬가지다. 초등학교 때부터 모인 친구들의 인원에 맞춰 전통 놀이부터 야구, 축구, 농구 등 다양하게 놀아봤어야 놀 줄 알게 될 텐데…. 그리고 많이 모여야 2~3명, 4~5명으로 뭘 하겠는가? 대안은 결국 PC방인가? 이쯤 되면 중학교 친구들도 흐르는 세월에 휙 지나가는 사이가 되지 않겠는가? 어린 시절엔 부모님과 함께 가족 여행, 주말 나들이도 자주 다녔는데 이 시기쯤 되면 그마저도 적어진다. 간다고 하더라도 어린 시절처럼 큰 재미나 행복을 만끽하지 못한다. 사람이 사람을 잃어 가고 사랑도….

그래도 인간의 본능으로 여자친구, 남자친구를 만나 서로 사귀는 사이라고 부르며 지내보지만, 사람을 사랑하는 것이 무엇인지 알지 못하니 좋아하는 감정에 충실할 뿐 서로 사랑하진 못한다. 그렇게 또 세월은 지나간다.

고등학생이 되면 큰 변화를 맞이하게 된다. 신체도 성인에 가깝게 되고 부모님도 세상도 두렵지 않다. 그리고 공부에 인생을 건 아이들, 공부를 포기한 아이들로 크게 양분된다. 갑자기 증가한 학습량과 난이도 때문에 중간이 얇게 형성된다. 공부에 재능도 흥미와 인내도 없는 아이들 중 그나마 자신의 재능이나 좋아하는 것을 빨리 발견한 친구들은 자신이 하고 싶은 것을 배우는 학교로 빠르게 전환한다. 나머지는 모두 이른 아침부터 교실에서 흥미도 제로, 학습효과도 제로, 성취도도 제로인 수업을 그냥 버틴다. 고등학생인데 학원이라도 안 다닐 수 없어 거의 모든 일반고 학생들은 학업 성과와 상관없이 의무처럼 학원과 과외를 다닌다. 모의고사, 중간-기말고사, 수행평가를 몇 차례 본 것뿐인데 학창 시절이 끝나 간다. 자신의 삶을 진지하게 돌아볼 겨를도 없이, 인생을 사려 깊게 숙고해 볼 시간도 없이 주민등록증이 발급되고 스스로 인생을 살아가야 하는 관문을 통과한다. 이 시기의 친구들과도 깊은 우정을 쌓지 못한 채 성적대로 각자의 다음 세상으로 향한다. 벌써 외로운 그늘이 엄습해 오고 있다.

같은 교복, 같은 학교, 같은 학원을 다니던 아이들이 20대가 되면 각자의 상황에 맞춰 수없이 다양한 길로 들어선다. 피라미드 구조의 대학으로 향하거나 다시 학원, 각종 시험 준비, 유학, 어학연수, 회사, 군대, 아르바이트 등 자신이 하고 싶은 일을 찾아 또는 할 수 있는 길로 향한다. 아무것도 안 하고 있을 수 없어서 무엇이든 하고 뭘 해야 할지 몰라서 무엇이든 한다. 여러 지인의 조언에 의지도 하고 이리저리 알아도 보며 그렇게 사회로 흩어진다. 수천, 수억 개의 알에서 갓 깨어난 치어들이 망망대해로 흩어지듯 말이다. 어디로 가야 하는지, 어떻게 가야 하는지, 어떤 위험이 도사리고 있는지도 모른 채 태어난 그곳에 머물 수 없어서 헤엄치기 시작한다.

 녹록지 않은 사회는 삶의 여유보다는 쳇바퀴 같은 일상을 살도록 강권하여 하루, 한 달, 일 년이 어떻게 지나가는지도 모른 채 청년 시절을 보낸다. 가끔 만나는 소수의 친구, 회사 동기와 동료들과 인생 푸념을 조금씩 늘어놓으며 몇몇 사람과 교제도 하면서 세상 시름을 덜어 본다. 그러다 보면 남들이 어른이라 부르는 내가 되어 있다.

 가정을 이루고 싶고, 이루어야 할 것 같고, 아니 안 이루면 안 될 것 같은 필연적인 느낌마저 드는 시기를 만난다. 그래서 결혼 시기에 만나는 적당한 상대와 혼인을 한다. 일상은 변한 것이 없는데 행복한 삶이 시작된 것 같은 시기도 어느새 사라지고, 인생에서 가장 신비로운 경험과 기쁨을 가져다준 자녀들도 무엇이 그리 바빠서인지 너무 빠르게 성장한다. '외로움이 이런 건가?' 문득 이런 생각이 엄습해 와 주위를 살펴보지만, 마음 편한 친구 한 명 변변치 않고 누구 하나 내 마음 이해해 주는 이가 없다. 그렇게 인생 중반전이 지나가고 후반전을 맞이한다.

 노후 대책이라도 잘 세워 두거나 경제적 어려움이 없으면 그나마 여유를 즐기며 늦은 나이에도 할 수 있는 취미 생활에 열심을 쏟을 수 있다. 세상을 돌아보고 제2의 인생을 시작하기도 한다. 하지만 깊은 사랑의 부재가 가져다주는 허망한 마음은 사라지지 않는다. 이 허망한 마음을 인간에게서 채울 수 없다고 판단하여 종교 생활에 열심을 기울여도 보지만, 인간에 대해 알수록 인생무상만 느낀다.

하루하루 몸이 달라지고 있음을 체감하고 행동반경이 좁아진다. 아침에 눈을 뜨는 기회가 이제 몇 번이나 남았을지 몰라 긴 밤, 깊은 잠에 몸을 맡기지 못한다. 기억력은 쇠퇴하여 몇 장 남은 사진에 의지해 살아온 시간을 돌아본다. 아쉽고 후회되는 순간은 왜 이리 많았는지 안타까운 마음에 뒤를 돌아보지만 지나간 세월은 거대한 블랙홀에 흡수라도 된 것처럼 소멸되어 버린 지 오래다. 나를 기억해 줄 사람이라도 있으면 좋으련만 홀로 아무 소리 없이 숨소리조차 희미해져 간다.

내가 잠시 지구에 머물렀다는 증거라도 남겨 놓고 싶었는지 미리 준비해 둔 작은 액자 속의 웃고 있는 나를 잠시 보여 준 뒤 사랑했던 모든 것에서 사라진다.

사랑 : 검은 그림자

　사랑의 본질과 근원, 존재 이유에 우리의 갈급한 호기심은 잠시 넣어 두고 우리의 현실을 바라보자. 지구라는 작은 행성에 태어나 존재 이유, 목적, 근원은 알 수 없다 하더라도 우리가 탄생했다면 주어진 삶을 살아가야 하지 않겠는가? 매 순간 삶을 살아가고 살아내야 하는 우리에게 가장 필수적 조건이라 할 수 있는 '사랑'을 깊이 성찰하고 숙고해 보는 것은 마치 주어진 사명과 같아 보인다. 사랑이라는 감정과 본능은 인간이 태어나 죽는 순간까지 우리 삶을 장악해 버린다.

　여기서 우린 사랑을 한 번 더 자세히 들여다보자. 사랑은 우리 삶을 행복하게 해 주는 감정들, 아름다움을 지향하게 하고 애정을 쏟게 하는 감정들만 솟아나게 하는가? 사랑의 뒷면에 어떤 감정이 함께 있는지 생각해 봤는가? 우리의 삶을 아프게 하고 파괴하는 비극적 감정의 주범이 도사리고 있지 않은가. 사랑하기에 강렬한 질투심을 느끼고 증오하게 되며 사랑할수록 집착과 분노가 강해진다. 사랑은 우리를 욕심과 탐욕으로 가득 찬 이기적인 존재로 만들기도 하며, 폭력과 살인을 저지를 만큼 무서운 공격성을 드러내게도 한다. 사랑, 그 이면에 이런 감정이 폭발할 수 있다니 참으로 놀라지 않을 수 없다. 우리 본성의 공격성과 탐욕, 질투심을 사랑이 일깨우는 것일까? 아니면 사랑 안에 그러한 본성들이 잠재해 있는 것일까? 사랑은 인간을 온유하며 따스한 사람으로 만들기도 하고, 자신의 욕망을 위해 전혀 다른 참담한 존재로 만들기도 한다니…. 이 역설적이고 모순적인 특성을 어떻게 이해하고 수용해야 할지 난감하다. 하지만 이 세상을 보면 당연한 이치인지도 모른다. 영원과 순간, 선과 악, 무한과 유한, 우주를 향하는 천체물리학과 소우주를 밝혀내는 입자물리학, 수없이 많음과 하나, 부정의 끝에 선 긍정 등 이 세상은 참으로 모호한 모순과 역설이 뒤엉켜 있다. 사랑도 이와 같은가? 선과 악을 나눠 보려고 하지만 어디에 선과 악이 따로 존재하는가? 선과 악을 이분법으로 구분 지어 둘 사이의 대립을 상상하고 체계화시켜 왔지만, 이제 그런 신화와 교리는 인간을 통제하거나 인간의 정신을 지배하지 못한다.

사랑, 무한하고 영원한 아름다움과 평온한 안식을 가지고 있지만, 저 깊은 슬픔, 우주를 초월할 만한 아픔을 간직하고 있기도 하다. 사랑은 우리에게 형용할 수 없는 행복과 기쁨과 평안을 선사하기도 하지만 상상해보지도 못한 슬픔을 안겨 주기도 한다. 한 인간을 전혀 다른 존재로 변화시킬 수 있는 힘을 가진 사랑은, 생명을 지키기도 하며 죽음을 부르기도 하는 모순을 숨김없이 지니고 있는 것이다.

부모가 자녀를 사랑하기에 그를 위해서 무차별적인 폭력을 행하기도 하고 강압적이고 폭력적인 환경에 노출시키는 일들을 보라. 자녀에게 돌이킬 수 없는 상처를 남기는 줄도 모른 채 우리나라에는 예전부터 '사랑의 매'라는 말이 가벼운 가르침을 넘어 지나친 폭행을 합리화시켜 주기도 했다. 자녀를 사랑하기에 그를 위해(?) 더욱 가혹하게 대하는 일들은 또 얼마나 비일비재하게 발생하는가. 타인과의 사랑에서도 마찬가지다. 사랑하기 때문에, 상대를 종속시키려 하고 스토커가 되어 사랑이 호러가 된다. 사랑하기에 그 누구에게도 빼앗길 수 없는 소유의 대상으로 여기며 돈이나 권력, 그 무엇을 사용해서라도 지배하려고 한다. 물론 상대를 먼저 생각해서 자신의 사랑을 미리 포기하기도 하고, 더 좋은 사람 만나기를 기원해 주는 이들도 없지는 않다. 하지만 정말 간절하게 사랑해 보았는가? 이성을 잃지 않는 것이 오히려 어려워 보인다. 사랑은 상대를 너무 간절하게 원하도록 만들기에 자신의 하나뿐인 목숨마저 아끼지 않게 한다. 그리고 인간은 객관적 증명을 할 수 없는 존재와도 사랑에 빠진다. 자기 확신, 세뇌, 무지, 유전적 부족함 때문에 스스로에게 가혹한 삶을 강요한다. 모든 인간적인 면을 등진 삶을 강요하고, 가고 싶은 곳, 하고 싶은 것을 억제하는 삶으로 인도하며, 모든 시간과 삶을 자신을 위해 사용하지 않는 인생으로 끌고 간다. 좀 더 나아가 사랑하는 사람들과 이별하게 하고 그 누구와의 사랑도 허락하지 않는다. 그 삶으로 다른 이들을 끌어들이는 일도 서슴지 않는다. 그 선택을 받은 사람은 이후 평생 강제 노동에 시달리기도 하며, 확인되지 않는 대상을 대신하는 장소를 위해 살다가 인생을 마감한다. 스스로 신의 경지에 오를 수 있다는 생각, 신과 함께 할 수 있다는 꿈, 영원하고 싶은 욕망은 기꺼이 자신의 삶을 내어 놓게 한다.

 사랑, 이 양날의 검이 함께 공존하며 이 감정들이 서로를 품고 있어 극단적인 선택까지 하도록 이끌기도 한다. 아, 사랑은 비극을 품은 꽃인가 아니면 꽃을 품은 비극인가?

 사랑이 종족 번식 본능에 내재되어 있는 것인지, 반대로 종족 번식 본능이 사랑에 포함되는지 알 수 없지만 모든 생명체는 이 본능이 강력하게 작용하면 내재되어 있는 냉혹한 잔인함을 과감하게 드러낸다. 자신이 살아남기 위해, 자신을 남기기 위해 치열한 전쟁을 치른다. 이러한 본성을 만족시키기 위해 혈투가 시작되고 이 혈투는 목숨을 마다하지 않는다. 자신의 생명보다 더 중요한 것이 다음 생명을 남기는 것인가? 모든 생명체는 어떻게든 생명을 이어가야 하는 숭고한 지령을 수행하기 위해 세상에 존재하는 것만 같다.
 인간, 역시 세상 어느 동물들과 조금도 다르지 않다. 사랑하기에 발현되는 감정들(시기, 질투, 앙심, 소유욕, 통제, 집착, 분노 등)에 국한되지 않고 자녀를 위해, 다음 세대와 후손을 위해 삶을 희생하며 기꺼이 우리의 목숨도 내놓는다. 모든 생명체는 자신의 종족을 번식시켜 생명이 끊어지지 않게 하는 데 자신의 모든 것을 바친다. 그리고 기꺼이 사랑하는 이를 위해 기꺼이 살생을 감행한다. 그 일만 무사히 마치면 존재한 이유와 목적을 달성한 것처럼 안도한다. 자신의 행동을 합리화하며 정당성을 부여하고 사랑의 힘에서 나온 것이라 여긴다. 새끼를 먹이기 위해 다른 생명체나 동족 포식(Cannibalism)을 하는 동물들처럼 인간 역시 자신, 가족, 공동체를 위해 다른 생명체와 다른 이들을 해할 수 있는가? 인간도 그저 한낱 동물일 뿐이기에 자연스러운 일이며 죄책감 따위는 개의치 않아도 되는가?

생명 보존의 이유와 근원은 우리로서는 알 수 없지만 모든 생명체는 멸종을 회피하려고 최선을 다한다. 우주에 지구가 사라진다고 무엇이 달라질지 모르겠지만, 지구에 존재하는 생명체는 몇 번의 대멸종을 이겨내고 살아남았으며, 앞으로도 저항할 수 없는 멸종의 순간이 오기 전까지 생존하기 위해 최선을 다할 것이다. 마지막 순간까지 꿈틀거리는 곤충들처럼.

아~. 인간만큼은 이런 본능을 초월한 존재이기에 좀 더 가치 있고 고귀하며 영화로운 목적이 있기를 바라고 인간의 사랑은 본능과는 차원이 다르기를 간절하게 원하지만, 우리의 현실을 보면 안타깝게도 지구 안의 모든 생명체와 동일한 운명을 지닌 것 같다.

이제 감정과 본능에 불과해 보이는 그 사랑 속으로 들어가 보자. 부모, 가족, 타인, 자녀, 종교, 예술, 취미 등 우리에게 사랑의 감정을 불러일으키는 대상들은 다양하다. 이 대상들과 아름다운 사랑을 꿈꾸지만, 우리가 원하는 범우주적이고 절대적이며 완전무결한 초월적인 '사랑'이 얼마나 어두운 부분을 가지고 있는지 이성적이고 냉철하게 살펴보자. 또한 우리가 과연 사랑을 절대적 진리이자 초월적인 그 어떤 것이라고 말할 수 있는지, 그 어떤 왜곡과 오해 없이 진중하게 살펴보자. 사랑의 검은 그림자를 경험한 사람들이라면 넘치도록 공감하리라 생각된다.

검은 그림자 1 : 부모와의 사랑

Episode 1. 사랑의 매?

　유난히 숲에서 놀기를 좋아한 솔이는 친구들과도 잘 어울리고 리더십도 많은 골목대장이었다. 솔이가 살던 곳은 푸른 숲으로 둘러싸여 있고 예쁜 연못이 있는 아름다운 마을이었다. 항상 아이들 뛰노는 소리가 울려 퍼졌으며 놀이터는 동네 아이들의 집합소였고 축구와 야구, 전쟁놀이를 즐겨 했다. 솔이는 운동도 잘하고 마음씨도 착해서 늘 아이들을 몰고 다녔고 그런 솔이를 좋아하지 않는 아이들이 없었다.
　여느 때와 같이 온 동네 아이들은 놀이터, 공터에 모여 신나게 야구, 축구를 했다. 아이들의 신나는 소리가 아름답게 동네에 퍼졌다. 해가 질 무렵 하나둘 각자 집으로 향한다. 솔이는 오늘도 기분이 무척 좋다. 축구에서 골도 넣고 동네 아이들과 신나고 즐거운 시간을 보내 발걸음이 가볍다.
　"건우야, 잘 가. 내일 보자." 건우는 솔이를 가장 잘 따르는 아이였다. 축구, 야구를 할 때 같은 편이 아니면 안 한다고 토라지기도 하고 솔이 형이 가자는 곳은 어디든 따라갔다. 그런 건우가 솔이도 내심 좋았다. 집에 도착한 솔이는 뭔가 이상한 기운을 느꼈다. 그리고 갑자기 날벼락이 떨어진다.
　"솔이, 너 이리 와. 옷이 이게 뭐야? 응? 매일 어디서 뭐 하고 돌아다니길래 이 모양이냐."라며 화를 참지 못하고, 아니 벼르고 있었던 것처럼 손에 들고 있던 회초리로 때리기 시작했다. 밖에서 신나게 놀다가 온 것이 이렇게 혼날 일인가? 이게 도대체 무슨 일인가? 이토록 심하게 때리고 혼내는 사람은 이모였고 외할머니셨다. 분노에 찬 외할머니는 심지어 아카시아나무(가시가 달린 나무)로 때려 솔이 종아리에서 피가 났다. 손자를 훈육하는 데 쓰려고 그걸 구해 왔다니 참 독하다. 눈에 넣어도 아프지 않다는 손자를 이렇게 심하게 혼낼 수가 있는가? 날카롭게 치솟은 얼음처럼 무섭고 차가운 눈빛과 표정은 쉽게 사라질 것 같지 않았다. 솔이 엄마는 당시 불고기 집을 운영해서 늦게 오셨고, 세 자녀를 외할머니와 이모가 돌봐 주셨다. 자발적으로 도와주러 오지 않았을 테니 여러 불만을 고스란히 아이들에게 푼 것일까? 어린 동생보다

한창 뛰어놀며 활동량이 많았을 솔이는 그 표적이 되었다.

 이모는 20대 초반, 대학생 정도 나이에 육아가 얼마나 힘들었겠는가? 외할머니 역시 육아에 집안일이 힘드셨으리라. 그리고 반대한 결혼, 덜컥 태어난 솔이 때문에 모든 상황이 이렇게 된 것이라고 생각했던 것 같다. 가끔 화를 내실 때 네가 태어나서 이 모양 이 꼴이 되었다는 말씀을 하셨다. 솔이는 모든 원망의 대상일 뿐이었다.

 외할머니, 이모가 힘드셨을 거라는 것은 충분히 이해하고 오히려 그런 상황에 놓인 두 분이 안쓰럽지만, 그 스트레스를 늘 학교에서 칭찬받고 동네 아이들이 무척 좋아하는 착한 솔이에게 풀었다는 것은 아쉬움을 넘어 슬픈 부분이다.

솔이 가슴에 깊은 상처로 남아 잊히지 않을 것이고 잊은 줄 알고 살아가지만, 무의식 속에서 살아 숨 쉬며 솔이를 괴롭게 할 것이다.

Episode 2. 별, 네가 있어 다행이야.

   저녁 8시 학원을 끝내고 엄마가 운영하는 식당에 갔다. 엄마의 교육열은 상당히 높아 학원을 여러 군데 다녔다. 초등학생이었지만 늦은 저녁이 되어서야 끝났다.
"다녀왔습니다."
"응, 집에 가서 동생들 잘 돌보고 씻고 숙제하고 자. 엄마는 끝나고 갈게."
"네."
 몸이 나른하고 피곤했다. 집에 도착하니 동생들만 있었다. 나는 동생 둘이 자고 있는 모습이 예쁘기도 하고 학교 끝나고 여러 학원을 다녀온 터라 피곤했다. 늘 동생들을 잘 챙기고 예뻐했던 솔이는 동생을 안고 잠시 누웠다.
'아, 행복하다.' 이렇게 포근하고 편안하고 행복할 수 있을까? 잠깐만 있다가 씻고 숙제를 하려고 했지만 솔이는 그렇게 잠이 들고 말았다.
   얼마나 지났을까? 꿈을 꾸는 건지 아직 비몽사몽인 솔이는 갑자기 정신이 번쩍 들었다. 엄마가 도착해서 솔이를 사정없이 혼내고 있었던 것이다. 얼마나 혼이 났는지 모른다. 상황은 전쟁이라도 난 것 같았다. 솔이는 그 어떤 항변도, 대항도 할 수 없었다. 얼마나 혼났을까? 화가 안 풀렸는지 아이에게 나가라고 외치신다. 당시 시간이 밤 12시가 넘었다.
"엄마, 잘못했어요. 네?"
초등학생인 솔이가 피곤해서 잠이 들어 씻지 못했고, 내일 숙제 못한 것이 무슨 죄고 어떤 잘못인지 알 수 없지만 솔이는 그저 자신이 잘못했다고 간절히 용서를 구한다. 어떤 부분에서 그토록 화가 났으며 무엇이 그 화를 멈추지 않게 하는지 알 수 없지만 엄마는 화를 더 내셨다.
"당장 나가."
 솔이는 엄마의 단호한 말과 나가지 않으면 더 맞을 것 같아 일단 밖으로 나갔다. 막상 밖으로 나오니 동네는 고요했고 어둠 속에서 갈 곳은 막막했다. 어디로 가야 하나? 그때 솔이의 유일한 안식처가 눈에 들어 왔다. 놀이터!

이때 늘 친구들과 놀던 놀이터는 솔이에게 최고의 안식처가 되어 주었다. 미끄럼틀 위에 앉아 하늘을 보았다.

'와, 별이 참 많네. 예쁜 밤하늘이다. 아니 근데 내가 뭘 그렇게 잘못했나? 이제 어쩌지? 여기서 아침까지 기다려야 하나?' 그렇게 솔이는 그저 하늘만 바라보고 있었다. 그런데 참 신기하다. 분노, 화가 쏟아지던 상황을 피해서였을까? 항상 뛰어놀던 놀이터가 주는 편안함 때문이었을까? 조용한 밤은 마음의 안정을 선사했고, 캄캄한 밤하늘을 수놓은 별들은 미소 짓게 했으며 따뜻한 밤공기에 포근함마저 들었다. 밤이라 조금 무서울 수도 있었지만 말 없는 놀이터는 그렇게 솔이에게 다정한 친구가 되어 주었다.

'엄마는 왜 그렇게 화를 내셨지?' 아직 그 의문이 솔이를 맴돈다.

'깨운 후 훈계하시고 씻기고 숙제하게 하고 재우면 되지 않았나? 왜 나가라고 하셨을까? 내가 사라졌으면…. 그렇게 미운가?'

그날 밤은 참으로 고독했다.

Episode 3. 엄마의 뒷모습

 어느 날 아침, 솔이는 낯선 식탁에 앉아 자신이 어떻게 해볼 수도 없는 상황을 그저 참는다.
'왜 이른 아침 식사 시간에 나만 홀로 이 낯선 집 식탁에 앉아 있는가?'
솔이는 자신이 사는 동네에 친구들 엄마는 대부분 다 아는데 거의 보지 못한 아주머니의 집이다.
엄마는 솔이를 어색한 집 식탁에 앉히고는 서두르신다.
"엄마, 금방 올 테니 이 집에서 잠시 지내고 있어?"
솔이는 거부도 할 수 없다. 그 순간 무엇을, 어떻게 할 수 있단 말인가? 혼자서도 이 낯설고 불편한 일상을 잘 견딜 수 있다는 표현을 하는 것이 엄마를 위해 할 수 있는 최선이었을까? 아니면 '엄마, 가지 마세요. 저도 엄마와 함께 할래요.'
떼를 써서라도 떨어지지 않으려고 했어야 했는가? 솔이는 어떻게 해야 할지 몰라 아무런 대답도 없이 차려진 밥을 먹는다. 엄마는 이내 갈 길을 가셨고 혼자 남았다.
 솔이는 정확한 이유를 알 수 없지만 느낌으로 어느 정도 짐작은 한다.
'아빠와 다투고 잠시 집을 나가시는구나.'
 그런데 3살 터울인 두 동생이 없다. 셋을 모두 맡길 수는 없었고 셋 다 데리고 가기엔 힘들었던 것일까? 남동생과 여동생은 맡기기엔 너무 어려서 데리고 갔는지도 모른다. 그리고 맡아줄 사람도 없었을 것이다. 혼자 낯선 집에 맡겨져도 울지도 않고 잘 견디는 솔이는 의젓했으며 학교에서도 회장이었다. 그래도 혼자 남겨진 서운한 마음은 떠나질 않았다. 화장실을 챙겨야 하지도 않고 공공장소에서의 에티켓도 잘 알아 전혀 짐이 되지 않았을 거라는 생각이 떠나질 않았다. 오히려 동생을 잠시 돌봐 주기도 하고 함께 놀아도 주는 엄청난 역할을 감당해서 꼭 필요할지도 모르는데, 무거운 짐도 들고 엄마의 아픈 어깨를 안마해 드리는 착한 아들이었는데 이렇게 홀로 남겨졌다. 속사정을 이야기해 주지 않고 가버린 엄마의 마음은 알 수 없었다.

홀로 남겨진 솔이는 버림받는 기분을 처음 느꼈다. 그런데 그게 뭔지 몰라서 어리둥절할 뿐이다. 그 몹쓸 기분이 무척 싫었다.

이후 그 아이는 몇 차례 더 버려지는 느낌을 받는 경험을 하게 된다. 위태로운 가정 속에서 가장 의지하고 있는 엄마마저 자신을 놓아버리는 것은 사랑에 대한 신뢰를 잃어버리고 있는 것이었다. 하지만 솔이는 그 사랑을 결코 놓고 싶지 않았다. 그렇게 시간이 흘러 어머니는 끝내 자신의 삶을 살겠다며 홀연히 떠나셨다. 어머니는 마지막이었기에 이유를 설명해 주셨다. 어머니는 어려운 상황에서도 자녀를 지키기 위해 최선을 다했으며 자신과의 약속을 지켰다고 했다. 그 후 연락도, 모습도 보이시지 않았다. 솔이와 동생들은 이게 무슨 상황인지 잘 알지도 못한 채 각자의 삶을 살아갔다. 가정은 찢어졌고 사랑은 부서졌다. 그렇게 어머님이 떠나신 지 2년 후 아버지께서 지병으로 돌아가셨고 동생들도 흩어져 각자의 인생을 살게 되면서…. 그렇게 세상에 혼자가 되었다. 배우고 들은 엄마의 사랑과 전혀 다른 경험을 한 솔이는 세상의 사랑이 모두 같지 않다는 것을 알게 되었다.

여전히 솔이는 사랑에게 묻는다.
'엄마가 그렇게 떠날 수 있고 나와 인연을 끊고 살 수 있어도 말 못 할 사정이 있었을 뿐 사랑하는 마음, 사랑은 있는 거죠?'

1) 사랑의 반응을 하고 있는가?

 사랑, 그 첫 번째로 떠오르는 것은 누구나 동일하지 않을까. 그렇다. 우린 생명을 얻는 순간 부모와의 첫 번째 사랑을 경험한다. 세상에서 가장 안전해야 하며 가장 아름답고 숭고해야 할 그 사랑은 우리의 이상과 꿈, 희망과는 전혀 다른 모습으로 우리에게 등장하기도 한다. 아가페 사랑, 자신의 모든 것을 내어주더라도 아깝지 않은 부모의 사랑은 우리의 이상 속에 존재하는 사랑이며 우리가 받아보고 싶은 사랑이며 우리가 해 보고 싶은 희망 사항인지도 모른다. 오히려 이러한 이상적인 사랑을 경험하며 성장한 사람이 얼마나 될까? 우리가 꿈꾸는 부모 사랑과 우리가 경험하는 부모 사랑의 현실은 다르다. 왜냐하면 이 사랑은 교육을 받아서 되는 것이 아니기 때문이다. 이상적인 사랑은 삶 속에서의 경험이 매우 중요한 요소가 된다. 그리고 인격과 성품이 준비되지 않으면 우리가 바라는 이상적인 사랑을 줄 수가 없다.

 우리가 원하는 부모의 모습을 갖춘 부모가 얼마나 될까? 우리는 인간이고 누구나 부족한 부분을 가지고 있기에 우리가 기대하는 부모의 사랑을 실천하는 사람이 얼마나 될지는 의문이다. 물론 훌륭하게 부모의 역할을 해내는 분들이 있다. 감탄이 절로 나오게 하는 부모의 삶을 살아낸 이들이 존재해 왔고 지금도 존재하며 앞으로도 존재할 것이다. 그러나 부모라는 호칭을 붙이기 어려울 만큼 부족함을 보여 주는 이들 역시 적지 않다는 것을 인식해야 할 것이다. 부모라는 호칭은 부모다운 이들에게 특별히 붙여지는 것이 아니다. 그 호칭이 주어지는 사람은 자녀를 낳은 사람에게 대가 없이 주어지며 그들은 미성숙한 자신의 모습 그대로 부모가 된다.

 부모의 사랑이 부족한 그들은 사랑을 어떻게 전달해야 하는지 모르며 무엇이 진정한 사랑인지 모른 채 자신이 경험한 대로, 배운 대로, 본능 그대로 자녀를 대한다. 자신에 대한 깊은 고찰과 부모라는 위치의 숙고가 놀랍도록 부족하다. 인간을 동물과 다르게 판단해 온 가장 큰 이유가 바로 이성적 통찰인데 그 주어진 재능과 탁월함을 전혀 사용하지 않고 살아가는 사람이 많다. 부모의 사랑이 무엇인가? 사랑한다는 것이 무엇인가? 우리는 부모로서 자녀를 어떻게 사랑해야 하는가에 질문은 던져보는가? 이 질문에 해답을 가지지 못한 채 양육을 시작했다면 양육하는 동안에는 끊임없이 고민하고 노력하면서 자녀를 대하고 있는가? 우린 부모로서 자질을 갖추지도 못했고 노력도 하지 않는데 부모라는 자격을 가지게 된다.

 부모가 되면, 스스로가 미처 갖추지 못한 인격적인 부분이 자녀에게 고스란히 전해지는 것을 목격하게 된다. 부모로서 성숙하지 못한 부분이 자녀에게 그대로 전달된다. 이 부분이 가장 중요하며 사랑이 무엇인지에 깊이 고민하며 살아야 하는 가장 큰 이유이다. 몰라서 못하는 것은 참으로 안타깝고 가슴 아픈 일이다. 하지만 부모의 어긋난 사랑, 자신만의 경험과 몰이해에서 확립되고 신념화된 사랑은 이기심과 부모가 가진 콤플렉스 등이 더해져 심각한 양육 태도를 취할 수 있다. 자녀의 행동과 말에 사랑으로 대하고 반응하지 않을 경우, 어떤 결과를 초래할지 성찰하지 않으며 살아간다. 그저 오늘 해야 할 일, 내일 해야 할 일, 지금 끌리는 일에 자신의 모든 신경을 빼앗겨 주어진 하루하루를 살아간다. 말의 중요성은 이제 모르는 이가 없을 만큼 많이 알려지지 않았는가? 심지어 물조차 사랑한다는 말을 들으면 분자구조가 육각수로 변화한다는 것은 모르는 이가 없을 것이다. 식물, 동물은 말할 것도 없다. 그렇다면 인간은 어떻겠는가? 인간에게 있어 사랑은 생명과도 같은데 부모된 우리는 이를 명심하며 살아가고 있는가? 매 순간 나에게서 태어난 존재에게 사랑으로 대하려고 노력은 하는가? 퉁명스러운 반응, 자신이 겪은 과거의 아픈 경험이 무의식적으로 반응하여 짜증스럽게 대하는 태도, 세상으로부터 받는 스트레스 때문에 자녀가 이해할 수 없는 상황에서 폭발하는 화, 이런 순간순간의 상호작용이 일상 속에서 얼마나 자주 발생하는지 아는가? 아니 인식은 하며 살아가고 있는가?

 행동과 표정의 반응 역시 말과 동일하게 중요한 사랑 표현이며 이 정보는 온몸이 기억하게 된다. 미소 띤 사랑을 받으며 살지 못한 사람들, 세상을 살아가면서 경험한 온갖 풍파에 화석처럼 굳은 표정은 안타깝게도 자녀에게 그대로 진해진다. 성장 과정과 환경은 부모 역시 선택이 아니기에 주어진 대로 받게 된다. 하지만 성인이 되고 스스로 가정을 이뤄 부모가 된 이상 한계를 두려워하지 말고 자신에게 필요한 부분에 도전해야 한다. 이것이 자신을 위해, 자녀를 위해, 가족을 위해 반드시 해야 할 덕목이며 과제이며 생명을 지키는 본능이다. 웃는 연습을 해 보았는가? 다행스럽게도 우리의 뇌는 웃는 척 억지로 미소를 지으면 행복한 일이 없더라도 행복으로 인식한다. 이 얼마나 고마운가? 우리의 마음은 눈과 얼굴 표정, 행동과 자세로 숨김없이 드러난다. 인간이 절대로 감출 수 없는 것이 재채기와 가난과 사랑이라 했던가. 이 말은 모든 표정과 겉모습에 우리의 속내 그대로가 모두 투영된다는 것을 정확히 표현한 것이다.

태교를 시작으로 우리는 자녀와 소통한다. 우리의 기분과 반응은 자녀에게 민감하게 전달된다. 왜냐하면 자녀가 그만큼 부모에게 의지하고 있으며 부모는 자녀에게 온 세상이나 다름없기 때문이다. 말을 못하는 어린아이는 표정과 웃음, 울음, 행동을 통해 자신의 뜻을 전달하고 부모의 표정과 행동을 보며 의미를 파악한다. 이렇게 시작된 시각적 정보, 인식, 본능은 우리의 삶이 끝날 때까지 지속된다. 첫인상의 중요성을 강조하는 이유 역시 우린 시각적 정보를 통해 많은 것을 파악하기 때문이다. 그러므로 부모가 자녀를 키우며 한 공간 안에 사는 동안 자녀에게 보여지는 표정과 행동의 영향력은 가볍게 생각할 부분이 결코 아니다.

하루에 절반 이상을 자던 아이가 점점 활동하는 시간이 많아지고 어린이집을 다니기 시작한다. 어린이집으로 향하는 길에서 자녀에게 어떤 말과 표정으로 반응하는지 돌아본 적 있던가? 그래도 이때까지는 여유가 있었는가. 유치원, 초등학교를 입학하게 되면 또 다른 상황이 기다린다. 이제 부모의 인격과 성품이 있는 그대로 드러날 상황이 많아진다. 아직 피곤해하는 자녀를 일찍 깨워야 하는 상황, 자녀를 일찍 잠자리에 들 수 있도록 도와줘야 하는 상황, 여러 예절, 정리 정돈 등을 가르치고 지도해야 할 것들이 폭발적으로 늘어난다. 마음 급한 부모는 자신의 상황과 인내심의 한계에 부딪혀 자녀에게 잔소리, 감정 폭력, 분노와 화를 쏟아내게 된다. 이런 상황에 노출된 자녀의 마음은 부서지고 일그러진다. 자녀가 자신의 상황을 파악하고 알아서 준비할 나이가 될 때까지 이러한 문제들로 전쟁은 계속된다.

 해맑게 웃음을 선사하며 부모의 품에 온몸을 던져 안기는 아이는 호기심과 놀고 싶은 본능 때문에 혼나고 부모의 잘못된 양육 방법과 부모가 가진 성품을 물려받아 혼난다. 일란성 쌍둥이도 어떤 부모에게서 성장하느냐에 따라 전혀 다른 사람이 되니 한 아이에게 미치는 부모의 영향력은 절대적이다. 그렇다면 자녀를 어떻게 대해야 하는지 답이 나오지 않았는가? 물려준 유전자와 양육의 책임자로서 부모는 자녀를 더욱 사랑하고 나의 소유물이 아닌 한 인격체로서 절대로 함부로 대해서는 안 될 것이다.

사랑, 어디에 있는가?

2) 누구를 위한 교육인가?

　지구상에 존재하는 모든 생명체는 생존의 경쟁을 매일 치르며 살아간다. 자신의 먹잇감을 찾아다니고 자신을 먹잇감으로 여기는 생명체를 피해 다녀야 한다. 같은 종 안에서도 강자가 살아남는다. 이 이치는 인간에게도 동일하게 적용돼 왔고 앞으로도 그런 역사가 지속될 것이다. 각자 자신의 삶을 살아가는 것 같아 보이지만 매 순간 우리는 소리 없는 경쟁을 치른다. 한정된 자원, 한정된 일자리, 한정된 살 곳이 우리를 치열한 경쟁의 자리로 내몬다.

　가난, 태어날 때부터 가난해도 견디기 어렵다. 원래 가난했어도 익숙해지지 않으며 반드시 극복하고 싶은 1순위가 된다. "가난은 불편한 것이다."라고 혹자는 말한다. 그때 문득 저 사람이 진정 가난해 봤을까 하는 의구심을 가지게 된다. 가난은 인간이 인간답게 살 수 없게 만들며 자존심은 짓밟히고 자존감은 소멸해 버린다. 가난이 더 무서운 것은 인격까지 침투하여 인간성을 파괴시키기도 한다. 사랑을 지킬 수 없는 상황으로 몰아가기도 하고 나의 전부, 모든 것을 빼앗아 가기도 한다. 자본주의 사회에서 경쟁에서 지면 그 대가는 가혹하다. 이런 사회를 먼저 경험한 부모로서는 자녀들에게 공부의 중요성을 알리고 싶고 열심히 하기를 기대한다. 부모는 당연히 이런 세상에서 살아가야 할 자녀가 걱정되고 잘 준비시키는 과정이 양육일 것이다. 하지만 세상의 모든 일은 과하거나 부족하면 문제가 생긴다.

　자녀에게 공부를 가르쳐 본 적이 있는가? 자녀를 가장 잘 이해하는 부모가 직접 자녀를 가르칠 때 최고의 효과가 발휘되어야 정상일 것 같은데 전혀 다른 결과를 보인다. 어찌 된 일인지 자신 자녀를 가르칠 때 더 답답해하고 더 화를 내며 급기야 자신의 화를 참지 못하고 머리를 쥐어박고 만다. 자녀를 잘 아는 것은 사실이지만 똑똑하길 바라는 욕심이 가득 차 마음이 변질되고 만다. 자녀가 자신의 기대만큼 못할 때 심한 분노를 표출한다. 연령별 학습 수준과 이해도, 교육법 등에 지식과 경험도 없이 자신의 기준으로 아이를 평가해 자신은 극도로 분노하는 실수를 범하고 자녀는 억울한 상처를 고스란히 받는다. 사랑하는 마음에서 그런 몹쓸 분노가 나온단 말인가? 공부 잘할 수 있는 자녀로 훌륭하게 양육하기 위해 노력해야 하는데, 교육에 무지함과 인격적 결함은 부모를 순간 괴물로 변질시킨다. 자신의 화를 주체하지 못하고 자녀에게 끔찍한 말과 행동을 저지르고 만다. 이런 말과 행동이 일상이 되어 버린 부모는 심각성을 인식도 하지 못한 채 반복한다. 교육이라는 명분으로 자신의 스트레스를 해소하는 수단으로 전락해 버리기까지 한다. 아, 이 얼마나 가슴 아픈 일이란 말인가. 자녀의 인성과 성품은 바위에 파도가 부서지듯 산산이 흩어져 버린다. 부모 자신 외에는 이를 멈추게 할 수가 없다. 자신이 이루지 못한 콤플렉스를 자녀를 통해 해소하려는 욕심과 주변 사람들에게 보여 주기 위한 욕심, 즉 자녀를 자랑거리나 체면 세우는 데 이용할 목적 정도로 생각하는 부모들, 더 불편한 진실은 이러한 사실을 자신은 전혀 모른다는 것이 아닐까.

조금 더 교육 이야기를 이어 가 보자. 공부를 부모가 원하는 방향대로 잘 따라가는 아이는 전혀 문제가 없을까? 부모가 무서워서, 혼날까 봐 열심히 했는데 성적이 잘 나오는 자녀는 온전할까? 억지로 공부하느라 행복이 사라진 삶을 하루하루 버틴 마음은 어떤 모양일까. 부모의 희망은 이제 기대와 확신으로 바뀌는데 자녀는 자신의 경쟁자들이 생각보다 많으며 더 잘하는 친구들이 전국, 전 세계에 즐비함을 깨달았을 때 오는 부담감을 이겨 내기란 쉽지 않다. 어린 시절부터 부모가 어렵게 찾았다는 좋은 학원 차량을 기다리고 이 건물 저 건물을 탐방하듯 다녔던 아이는 과연 희망을 위해 기꺼이 그렇게 살았어야 했을까? 또래 친구들과 마음껏 놀아 본 경험도 없고 편안하게 방학을 보낸 적도 없이 다음 학기, 다음 학년 것을 소화해 내느라 정신없이 살아온 학창 시절. 더 좋은 기회, 더 좋은 직장, 더 높은 자리를 선점하기 위해 소중한 어린 시절과 가장 행복해야 할 청소년 시기를 그렇게 보내야만 하는가? 자녀 양육이 이런 것이어야 하는가? 소위 독하게 공부해서 악착같이 원하는 것을 얻은 사람들은 어떻게 될까? 타인을 배려하고 존중하며 자신의 재능을 사회를 위해 사용하려고 노력하기보다, 성공을 위해 자신이 노력한 것에 보상심리가 발동하고 교만해져 언론을 통해 알게 되는 여러 사건처럼 사회적 문제를 일으키기도 한다. 사회에 꼭 필요한 인재를 키운 것이 아니라 사회의 악을 양성하는 데 최선을 다한 결과가 되는 것이다.

　이와 정반대의 경우도 있다. 자녀의 교육에 전혀 신경 쓰지 않는 것이다. 사회에서 자신의 자녀가 능력을 인정받고 한정된 일자리를 얻고 자신이 하고 싶은 일, 더 안락한 삶을 영위할 수 있는 권리를 부여받을 수 있도록 돕지 않을 부모가 어디 있겠는가? 하지만 그런 마음만 있을 뿐 어떻게 해야 하는지도 모르고 어떤 방향으로 노력해야 하는지에 관심도 없이 주어진 환경대로 자녀의 세월을 그렇게 흘려 보낸다. 경제적인 후원이 어려운 가정에서는 일찌감치 포기하여 자녀의 자발적인 노력에 의존한다. 경제적으로 자녀의 교육을 도와줄 수 있는 일부 가정에서도 부모의 무관심 속에 자녀는 교육의 중요성을 배우지 못한 채 성장한다. 하굣길, 친구들은 모두 학원으로 향하고 홀로 집이나 놀이터, 공터에 방치된 채 시간을 보낸다. 공교육은 아직 이런 학생들을 험난한 경쟁에서 지켜주지 못한다. 아직 어려서 공부의 중요성을 깨닫지 못해서 안 했거나 그 누구도 알려주는 사람이 없어서 생각해 보지도 못한 채 성장하는 아이들은 훗날 그 한을 풀기 위해 뒤늦게라도 공부를 시작한다. 그러나 자신의 한이 조금 해소될 뿐 늦게 시작한 공부를 통해 인생의 목표를 이루기란 쉽지 않다. 대부분 사회 진출에는 진입 장벽이 생각보다 높고 한 번 놓친 기회를 다시 얻을 수 없다. 그렇게 한 인생이 저무는 것이다.
　공부는 지식적 학습 뿐 아니라 가치관, 생활 습관도 포함되는 것이며 여행 속에서도 이루어진다. 교육은 지식을 쌓는 것으로 완성될 수 없기에 여행 뿐 아니라 함께하는 시간을 위해 노력해야 한다. 온전한 자녀 양육을 위해 최선을 다하는 것이 사랑이라면 그 사랑을 위해 헌신하는 부모가 되어야 할 것이다.
　가정은 전쟁터에 나가기 위해 전투를 준비하는 훈련소가 아니라 사랑을 배우고 행복을 누리는 최고의 공동체가 되어야 한다. 험난한 생존 환경 속에서 사랑과 행복을 나누는 최소한의 보루이다. 이것을 배울 수 있는 기회가 박탈되고 다른 이들을 이기기 위해, 다른 이들보다 뒤떨어지지 않으려는 주입식 교육에 노출되고 방치된다. 이렇게 성장한 아이들이 훗날 가정을 이룰 것이며 사회의 일원이 될 것이다. 이기적이고 개인적인 사고를 가진 사람이 점차 많아진다면 환경을 지키지 못해 다음 세대에 재앙을 줄 수 있듯, 인성과 성품을 지키지 못해 삭막하고 메마른 공동체를 물려주게 된다는 것을 명심해야 한다. 어쩌면 자녀가 성공하기를 바라는 마음, 더 높은 위치에 자리했으면 하는 욕심이 사랑으로 둔갑하여 가장 인간다운, 소중한 것들을 잃은 채 양육하고 있지는 않은가? 이런 부모와 자녀의 관계가 지속되면 점차 사랑은 설 자리를 잃어 가고 남보다 못한 관계를 이어가게 된다.

사랑, 어디에 있는가?

3) 소유물

　자녀는 누군가의 몸을 통해 세상에 태어난 새로운 생명체이자 인격체라기보다 부모의 소유물이라는 관념이 법에도 자리하고 있다. 부모로부터 생성된 존재이며 부모가 모든 수고와 노력으로 양육하기 때문에 그런 사회적 통념이 뿌리내리게 된 이유는 충분히 이해가 된다. 하지만 자녀를 종속시키는 부모와 자녀를 꼭두각시로 만들어 버리는 부모, 그들만의 사랑 방정식도 사랑인가? 자녀를 소유물 정도로 여기고 훈계를 핑계 삼아 폭력을 가하는 부모, 자신의 행동이 아동학대가 아니라 사랑이라고 오해하는 부모를 마주할 때 부모의 사랑이 무엇인지 돌아보게 된다. 자녀는 그저 부모 말을 잘 듣고 따라야 한다고 생각하는 부모가 많다. 유아 시절과 어린 시절 자녀는 전적으로 부모에 의존해야 생존이 가능하기 때문에 각자 본능에 따라 부모에게 의지한다. 부모는 아직 세상을 홀로 살아갈 수 없는 자녀를 가르치고 돌보며 자녀에 대한 소유의식이 강화된다. 부모는 청소년 시기를 지나면서 점차 한 인격체로서 존중하여야 하고 홀로 설 수 있도록 도와야 한다. 하지만 자녀 양육에 대한 교육을 받아본 적 없는 부모는 자신의 생각대로, 자신이 양육 받았던 방법대로, 여기저기서 읽고 들은 정보에 의존하여 양육한다. 자녀를 소유물로 인식하는 부모는 자신의 뜻대로, 또는 자신의 의사대로 움직이는 자녀가 얼마나 보기 좋고 편하며 수월한지 모른다. 나 이외에 다른 존재를 내 뜻대로, 내 맘대로 할 수 있다는 것은 쉽게 뿌리칠 수 없는 욕망이다. 이 욕구를 버려야 함을 깨닫지 못한 채 자녀를 지배하려는 부모도 존재한다.

　자녀는 소유물인가? 어떠한 존재를 마음대로 조종하고 지배하는 것이 무엇이기에 그토록 강력하게 집착한단 말인가. 자녀는 자신의 것, 소유물로 여기는 순간 양육한다는 이유로 자신의 영향 아래에 두고 작은 행동부터 가치관과 세계관, 신앙까지 복제시킨다. 자신의 것이 모두 옳다는 신념으로 양육한다. 어떤 부모에게서 태어나느냐가 또 하나의 생명체에 거의 모든 것을 좌우하기도 하니 이것이 운명인가? 자녀의 몸과 정신을 지배하고 양육하는 부모는 결국 끔찍한 일도 아무렇지 않게 저지르고 만다. 자신의 잘못된 습관과 인성 때문에 자신의 말을 잘 듣지 않는다는 이유로 자녀에게 폭력과 감금 등 학대를 자행한다. 아동 심리, 행동 발달 과정, 인간의 성장 변화 등이 자신의 몰이해에서 비롯되기도 한다는 것을 생각할 여유도 능력도 없이 양육한다. 그리고 사회에서 자신이 받은 스트레스까지 자녀에게 해소하기도 한다. 자녀는 무엇인가? 그렇게 온갖 상처를 입으며 성장한 자녀는 어떤 사람이 될 것이며 어떤 가정을 이룰 것인지 생각은 해 보았는가?

또한 자신의 신념과 확신과 신앙에 따라 자녀를 양육한다. 자녀에게 다양한 교육이 제공되고 그 자신의 선택이 필요해 보이는 세계관과 가치관, 신앙의 영역을 부모는 자신의 영향력 아래에 둔다. 부모 자신의 환경과 교육 정도, 자신의 선택으로 결정된 것을 거의 무조건적으로 주입시키려 한다. 자녀는 부모를 따라 하려 하고 부모는 자녀를 복제시키려 한다. 그 상황 가운데 자신의 잘못된 지식과 판단, 신앙으로 병에 걸려 아픈 아이를 병원에 데리고 가지 않는 일들이 발생하고 학교에 보내지 않는 불상사들이 벌어진다. 놀라운 것은 문맹률이 높았던 이전 시대에만 발생했던 일이 아니라 현재에도 끊임없이 발생하고 있으며 앞으로도 유사한 일들이 끊임없이 발생할 수 있다는 것이다.

자녀의 병을 고치겠다고 아파하는 자녀를, 살려달라고 애원하는 자녀를 말도 안 되는 종교 신앙에, 종교 지도자에게 맡긴다. 세상과 단절한 채 온 가족을 데리고 종교 단체가 운영하는 집단생활 처소에 들어가 생활하기도 한다. 그 어떠한 의심도 없이 이민도 서슴지 않으며 심지어 자신이 종교에, 종교 단체에 헌신하도록 권유하고 강압한다. 부모는 자녀 스스로 동의했다고 하지만 자녀가 스스로 판단하고 결정할 수 없는 어린 나이에 의사를 물어보는 것이 무슨 의미가 있을까? 안 하면 안 되는 분위기까지 주어진다면 자녀로서는 받아들이는 길 말고는 어떤 다른 선택의 여지가 있단 말인가.

이런 일을 지나치게 극단적이라고 생각하는가? 그렇다면 또 다른 경우를 보자. 자녀의 미래는 누구의 것일까? 자녀가 좀 더 나은 삶을 살기를 바라는 마음이야 부모라면 누구라도 가진다. 하지만 부모가 좋아 보이는 방향을 강요하여 아직 세상을 잘 모르는 자녀는 일방적으로 따르게 된다. 타고난 재능이나 기질이 특별한 자녀는 자신이 원하는 바를 강력하게 주장하기도 하지만 부모는 자신의 뜻에 맞지 않으면 더욱 완강하게 반대한다. 변화하는 시대를 부모 자신이 모른 채 이전 세대의 기준으로 자녀에게 강요한다. 이 충돌은 제법 크게 일어나기도 해서 자녀는 가정에서 쫓겨나거나 가출을 시도하여 매우 위험한 상황에 노출되기도 한다. 경험도 없고 경제력도 없는 자녀는 끝내 자신의 뜻을 이루지 못하는 경우가 대부분이며, 원하는 길을 가 보지 못한 한을 평생 가슴에 품고 살아가게 된다.

이렇게 부모는 자녀를 어린 시절부터 자신의 뜻대로, 마음대로 컨트롤하는 권한을 놓지 않고 자신의 영향력을 마지막 순간까지 가지고 가기도 한다. 인생에서 가장 중요한 결정 중 하나인 결혼도 자신의 기준과 편견을 가지고 반대하고 무산시켜 버린다. 또 자신의 경제권을 가지고 성인이 된 자녀의 삶에 깊이 관여하는 것을 넘어 좌지우지한다. 이들에게 자녀는 무엇인가? 이것이 사랑인가?

사랑, 어디에 있는가?

4) 무관심

　무료한 아침을 시작한다. 무심하게 아침을 준비하고 건조한 말투로 자녀를 깨운다. 이런 분위기에 익숙해진 자녀는 멍하니 일어나 대충 씻고 옷을 입고 시계를 본다. 조금 늦었다. 그래도 상관없다는 듯 느긋하게 학교로 출발한다. 터덜터덜 내딛는 발걸음에 생기란 찾아볼 수 없다. 학교에 잘 다녀오라는 인사, 사랑스러운 포옹도 없이 보낸 부모는 남겨진 다음 아이를 준비시킨다. 자녀가 좀 더 엄마와 놀고 싶다고, 조금만 더 함께하고 싶다고 해도 소용없다. 한 번 들어주면 자꾸 요구할 것이라 판단하기 때문에 단칼에 거절한다. 보내고 나면 편한 시간이 기다리므로…. 해야 할 집안일도 수월하게 할 수 있고 대충 끝내면 세상 편한 나만의 시간이 달콤하기 그지없다.

　이렇게 무관심하게 키울 거였다면 자녀를 왜 낳았을까? 결혼하면 자녀를 낳아야 할 것 같아서, 본능에 충실하느라? 애완동물을 키우기 전 그저 예쁘고 사랑스러워 샀다가 키우는 일을 감당하지 못해 버리는 사람처럼 자녀를 양육한다는 것이 무엇인지 몰랐기에? 생각보다 많은 부모가 양육이라는 긴 마라톤을 힘겨워하며 잘 해내지 못한다.

그들에게 자녀는 그저 짐이다.

　부모가 자신의 시간을 가지는 것도 소중하기에 자녀를 키울 때 오롯이 24시간 전부를 희생할 수 없다. 하지만 자녀를 방치해서는 안 된다. 최소한 자녀가 상처 없이, 트라우마나 결핍 없이 성장할 수 있도록 양육해야 할 의무가 있다. 세상은 하나를 얻으려면 하나가 희생되어야 하는 필연적인 시스템으로 움직이니 자녀를 양육하는 부모들은 어느 정도 자신의 시간과 노력을 자녀를 위해 사용해야 한다.

　부모가 자녀를 방치하는 이유와 목적은 다양하겠지만 그 이유와 목적이 많다고 하더라도 정당화될 수 없으며 핑계가 될 수 없다. 뜻하지 않게 태어난 자녀를 어떻게 해야 할지 모르는 부모, 양육한다는 것이 어떤 것인지 전혀 모른 채 자녀를 낳아 감당하지 못하는 부모는 자녀 양육을 포기하기도 한다. 미혼인 상태에서 자녀를 가지게 되면 자녀를 포기하는 쪽을 선택하는 경우가 많다. 정확하게 집계되지 않을 만큼 낙태도 많이 이루어지고 있으며 여러 단체와 기관에 갓 태어난 자녀를 맡기고 떠난다. 정말 불가피한 경우도 있겠지만 그 불가피한 상황을 만든 책임에서까지 자유로울 수는 없을 것이다. 부모의 따스한 손길과 사랑이 절실하게 필요한 한 생명이 영문도 모른 채 안타까운 삶의 현장 한가운데 놓인다. 여기서 부모의 사랑은 어디에 있단 말인가? 아가페, 그 숭고한 사랑을 논할 수 있는가? 생명의 존귀함과 존엄함이 산산이 부서져 버리는 그곳에 어떤 사랑이 존재하며 사랑은 어떤 역할을 하고 있는가?

자녀를 양육하는 과정 속에서도 여러 이유로 방치와 무관심은 계속된다. 방치와 무관심은 함께하는 시간에 비중을 두지 않는다. 하는 일의 특수성과 생계를 위해 치열하게 살아가는 부모가 불가피하게 자녀와 많은 시간을 함께하지 못하는 것은 무관심과 방치에 속하지 않는다. 왜냐하면 사랑은 함께하는 시간에 비례하지 않기 때문이다. 잠깐을 만나도, 혹은 자주 만나지 못하더라도 사랑은 서로에게 완전하게 전달되기 때문이다. 이에 반해 사랑 없는 방치와 무관심은 함께 있을 때 더욱 강하게 전달된다. 같은 공간 안에 아주 가까이 있을 때 무관심한 것은 치명적인 상처를 안겨 준다. 배고픈 사자 앞에 최고의 먹이를 보여만 주고 먹지 못하게 한다면 먹이가 없어 굶주리는 것보다 월등히 많은 스트레스를 받을 것이다. 부모는 자녀에게 세상 전부이며 자녀가 가장 의지하는 존재이다. 그런 부모와 함께 사는데, 나를 가장 사랑해 줘야 할 부모가 자녀에게 공감 없는 무관심으로 양육한다면 자녀의 마음은 하루하루 메말라 갈 것이다. 그렇게 성장한 자녀는 자신도 그런 부모가 되어 있다. 아무렇지 않게 말이다.

잠시도 한눈을 팔면 안 되는 어린아이와 함께 있지만 스마트폰에 **빠져** 있는 부모의 모습을 우린 공공장소에서 쉽게 찾아볼 수 있다. 그곳에서 아이가 잠깐 사이 위험에 빠지는 아찔한 장면은 주변 사람들을 놀라게도 한다. 그런 순간에도 별일 아닌 것처럼 태연하게 대처하거나 자신의 양육 태도를 돌아보지 않는 부모의 모습은 마음속 미간을 찌푸리게 한다.

 부모가 자녀에게 관심을 가지지 않으면 자녀는 자신이 어떤 위험에 노출되는지도 모른 채 살아가게 된다. 사회는 규칙, 규범, 법들로 안정을 추구하지만 완전하지 않아서 언제 어디서든 위험에 노출될 수 있다. 부모로서 이 부분을 결코 간과해서는 안 된다. 수많은 어린이가 각종 사고로 안타까운 생명을 잃어 가고 있으며, 인격과 습관이 바르게 형성되지 못해 원하지 않던 삶을 살게 되기도 한다. 또 스스로의 삶을 돌이킬 수 없는 수렁에 빠뜨리고 파괴하기도 한다. 인간은 지구의 다른 생명체와 다르다. 태어나 빠르게 독립하는 동물들과는 달리 20년 가까이 양육해야 한다. 자녀를 양육한다는 것은 낳는 것, 분유를 잘 먹이는 것으로 끝나지 않는다. 오히려 한 생명이 육체적, 정신적으로 건강하게 성장하여 사회의 일원으로서 자립할 수 있을 때까지 지혜를 모아 키우는 것이 양육이며 이것은 기나긴 마라톤이다. 자녀의 성장 시기에 맞게 부모로서 해야 할 일을 해야 한다. 그러나 안타깝게도 부모는 12~16년, 그 이상을 교육받지만 훌륭한 부모가 되기 위한 교육은 미비하다. 자신의 부모에게서 자연스럽게 체득되는 것이 전부이기도 하다. 그렇게 준비되지 못한 채 부모라는 타이틀만 가지게 된다.

사랑, 어디에 있는가?

5) 위험에 노출된 아이들

　이렇게 부모의 인격, 트라우마, 상처들은 시한폭탄처럼 잠재되어 있다가 건드리는 순간 폭발하고 만다. 부모가 원하는 대로 행동하지 않는 자녀는 화풀이 대상으로 전락하기도 한다. 세상 어느 누가 자신의 마음에 맞게 행동하는가? 자신조차 스스로를 제대로 컨트롤하지 못해서 실수하고 사기도 당하고 판단을 잘못해서 손해를 입기도 하지 않는가? 부모의 잔소리는 잔소리하는 아이로 키우며 부모의 폭력은 폭력을 사용하는 아이로 키운다. 자녀를 어떻게 양육하고 있는지는 부모 자신이 가장 잘 알 것이다. 며칠 전 따스한 봄날, 자녀들과 함께 공원에 놀러 갔는데 마음 아픈 장면을 목격하게 되었다. 아빠로 보이는 한 남성이 초등학교 4~5학년쯤으로 보이는 남자아이를 거꾸로 들고 냇가에 빠뜨릴 듯 서서 무섭게 흔들었다. '장난을 치는 거겠지? 그런데 좀 심하다.' 생각하며 유심히 지켜봤는데 그 남자는 화가 몹시 난 표정이었고 아이는 살려달라고 소리쳤다. 사람들이 제법 있는데도 굴하지 않고 자신의 화를 표출하는 모습에 어떻게 대처해야 할지 몰라 지켜만 보고 있었다. 여러 차례 겁을 주고는 차마 냇가에 던지지는 못하겠는지 아이를 내려 놓았고 화가 덜 풀렸는지 아이를 두고 가방만 맨 채 빠른 걸음으로 이동했다. 겁에 질린 아이는 공원이 떠나가라 소리를 질렀고 자신을 그렇게 대한 아빠를 잃을까 봐 뒤따라 달려갔다. 그리고는 미웠는지, 속상했는지 여린 주먹으로 치고 연약한 발로 차며 왜 그랬냐고, 무서웠다고 온몸으로 이야기했다. 그들은 그렇게 나의 시야에서 사라져 갔다. 마음이 턱 막혔고 행복한 공원 분위기를 한순간에 어둠으로 바꾸어 버린 그 장면이 머리에 깊이 자리 잡았다.

　아, 안타깝지만 자신의 양육 태도와 방식을 돌아보고 고민하고 공부하며 노력하는 부모가 얼마나 될까? 자녀에 대한 올바른 사랑이 무엇인지 알아가고 시간이 흐를수록 더욱 성숙한 사랑을 하는 부모가 되어 가는 경우가 얼마나 있을까? 부모는 자신들의 삶 속에서 받은 아픔과 상처와 여러 사건으로 생긴 트라우마를 가슴에 품고 있다. 치유 받지 못한 채 주어진 삶에 떠밀려 살아가고 있다. 그리고 이에 추가로 현재를 살아가면서도 원하지 않는 외부적 스트레스에 노출되어 평온함을 항상 유지하지 못하며 살아가고 있다. 이것을 정확하게 인식해야 한다. 훌륭한 부모라고 할지라도 숨겨둔 상처와 모난 성품이 있으며 인간이기에 스트레스를 받거나 어떤 상황에 처하면 그것들이 무의식 속에서 불쑥 나와 활개를 친다. 급한 성격으로 소리치거나 상황에 어울리지 않게 화를 심하게 내기도 한다. 곧바로 후회하고 미안한 마음으로 사과하지만 마음대로 되지 않는 자신을 발견할 뿐이다. 또 자신이 여러 상황에서 발생한 스트레스에 노출되어 있을 땐 더욱 자주, 심하게 폭발한다. 자녀의 행동은 똑같은데 부모의 마음 상태에 따라 상반된 표현이 나오고 만다. 너무 자책할 문제는 아니지만 아! 이 얼마나 안타까운 일인가! 세상으로부터 받은 스트레스는 분노로 쌓여 자신보다 약한 상대인 자녀에게 자신도 모르게 극도의 화를 분출한다. 아무 대항도 할 수 없는 자녀로서는 참으로 억울하고 가혹한 형벌이 아닐 수 없다. 가장 사랑하는 나의 자녀에게 분노를 심어준 대상이 되는 순간이다. 자녀는 오히려 무섭게 혼내는 부모에게 자신이 잘못했다고 울지만 억울함은 지워지지 않을 것이다. 이렇게 가슴 깊이 평생 남아 있을 아픔을 이해하는 영역은 자녀의 몫으로 남겨질 뿐 시원하게 분노를 쏟아낸 부모는 너무 쉽게 잊고 만다.

 자녀가 받은 그 아픔은 기억되는 것으로만 남겨지지 않는다. 몸이 기억하고 무의식 속에 저장되어 자신도 이런 괴물이 불쑥 나타나 순식간에 점령당하고 비슷하게 행동하게 된다. 자신의 자녀에게 반복하는 부모도 있으며 온유하게 대하려고 무던히 애쓰고 더 강력한 힘을 키워 이겨 내야 하는 고통에서 허우적거리기도 한다. 상상 그 이상으로 무섭게 심겨져 이를 극복하기 위해서는 숨막히게 위태로운 상황들을 힘겹게 이겨 내야 하는 노력이 수반된다. 부모로부터 받은 이 악순환의 고리를 끊기 위해 자녀는 또 한 번의 고통을 겪게 된다.

사랑, 어디에 있는가?

6) 부모이기를 포기한 사람들

'버려지는 아이들.'

　자녀를 낳았기에 부모가 되어 버린 사람 중 부모 되기를 포기하는 사람들이 있다. 자녀 학대를 죄의식 없이 하는 부모, 쉽게 인연을 끊어버리는 부모…. 뉴스에서 간혹 전해지는 끔찍한 예들은 언급하고 싶지 않다. 그들의 행동은 상상조차 할 수 없는 반인도주의적이고 반인륜적이기에 다시 떠올리는 것이 고통스럽기까지 하다. 하지만 우린 그들을 경멸하고 비난할 수 있는 존재인가? 그들은 우리와 같은 본능을 가진 인간 아닌가? 그 어떤 사람도 악마로 태어나지 않는다.

　심장이 뛰기 시작하고 자신을 인식하며 외부의 자극에 반응을 시작한 생명체는 아직 인간이 아닌가? 언제부터 인간인가? 인간은 과연 어떤 존재이기에 인간의 판단과 선택으로 뛰고 있는 심장을 멈추게 하고 아이를 지운단 말인가? 그리고 설사 태어나게 했다 하더라도 자녀를 사회에 맡긴다. 아니 버린다. 더욱 극단적인 사건들도 끊임없이 일어나고 있다. 이 글을 쓰고 있는 지금도 뉴스에서 안타까운 소식을 전한다. 어느 마을 CCTV에 쓰레기봉투를 버리고 사라지는 한 여인이 찍혔다. 다음날 그 쓰레기봉투에서 태어난 지 얼마 되지 않은 아이의 시신이 발견되었다. 사연은 20대 부부가 울고 성가시게 군다고 자녀를 구타했는데 죽고 말았다는 얘기다. 그 뒤 부모의 행동이 더욱 놀랍다. 죽은 아이를 3주 동안이나 아이스박스에 넣어 화장실에 둔 채로 검거되기 전까지 같은 장소에서 살았다고 한다(21년 7월 12일). 이것은 일부일 뿐이다.

　태어나기도 전에 사라지는 아이들부터 태어난 지 얼마 지나지 않아 생을 마감하는 아이들에게 어떤 말을 해야 할지 모르겠다. 이 아이들 뿐 아니라 그에 못지않은 삶을 사는 아이들이 있다. 바로 사회에 맡겨지는 아이들이다. 낯선 어른들, 낯선 또래들과 공동생활을 하며 부모 없는 상황을 온몸으로 견디며 사는 아이들이 있다. 부모의 따뜻한 사랑을 경험해 보지 못하며 성장하는 아이들을 돌보고 양육하는 사회 복지사, 시설 운영자들은 어떻게 아이들을 대할까? 부모가 있지만 다른 삶을 선택하였기에 부모 없이 살아가는 아이들의 마음은 어떨까? 공동생활 속에서 학업에 충실하며 성장하는 경우가 얼마나 될까? 그렇게 살아야 하기에 사는 아이들은 20살이 되면 독립을 해야 한다. 의지할 곳 없는 아이들, 마음 편히 쉴 공간도 없는 아이들이 세상으로 내몰린다. 그들이 할 수 있는 일도 제대로 없지만 결국 사는 것에 감사해야 한다고 생각하는가. '태어나서 30년 동안은 힘들고 외롭고 어려운 점이 많겠지만 스스로 행복한 가정을 이루어 남은 삶을 잘 살면 되지 않겠는가.' 생각할 수 있겠지만 이 치열한 세상을 살아 본 사람이라면 가늠할 수 있을 것이다. 그들의 전체 삶이 얼마나 힘겨울지. 생명이 주어져 세상을 살아가야만 하는 운명을 원망하고 싶은 그들의 아픈 마음을 쉽게 공감할 수 없겠지만 인생의 아픔을 경험해 본 사람이라면 충분히 공감할 수 있을 것이다.

　그리고 부모와 함께 살고 있다 하더라도 부모와 자녀가 어떤 이유에서든 살아가면서 충돌을 피할 수는 없다. 그때 서로에게 상처를 남기지 않도록 성숙하게 대처해야 하는데 그렇지 못한 경우 부모와 자녀의 관계도 모래알처럼 부서질 수 있다. 외면하고 싶지만, 부모가 자녀를 수시로 폭행하거나 동물적 본능을 이기지 못하는 일들이 발생한다. 자녀는 살기 위해, 어쩔 수 없이 길거리로 나가게 되고 스스로 길거리를 택했거나 내몰린 아이들끼리 아무도 지켜 주지 않는 세상을 감당해야 한다. 먹고 자고 입는 가장 중요한 문제가 제대로 해결되지 않기에 각종 범죄에 노출되고 스스로 범죄자의 길을 선택할 수밖에 없게 되기도 한다. 교육부에 따르면 한 해 학업 중단 청소년이 36만 2,000명에 이르고, 이중 청소년 쉼터 및 아동복지시설에 들어간 인원이 2만 5,000명이며, 17만 명은 파악이 되지 않는데 대부분 가출 청소년일 가능성이 크다고 보고 있다. 한 해 20만 명에 이르는 청소년이 가정을 이탈하고 있다. 가출 원인 분석에서도 부모님과의 문제가 61.3%로 가장 높았으며 가출 시기도 13.6세이다. 학업을 중단한 채 성인이 되면 빈곤의 악순환에 빠지게 되고 인생의 행복은 이상이 되고 만다. 부모는 증오의 대상이 되고 복수하고 싶은 원수가 되어 버린다. 이들에게 부모란 무엇이며 사랑은 무엇일까?

 더 안타까운 일도 발생되는데 부모가 자녀를, 자녀가 부모를 해하기도 하는, 즉 천륜이 깨지는 일도 발생한다. 사회를 놀라게 하는 사건이 지속적으로 발생하여 듣고도 믿지 못할 일이 현실에서 벌어진다. 존속 범죄가 매년 2천 건 이상 발생되며, 보건복지부와 경찰청 자료를 보면 2015년 노인 학대 신고가 1만 1,905건, 2016년 1만 2,009건, 꾸준히 늘어나 2019년에는 1만 6,071건이 발생했다. 부모를 폭행하고 협박, 감금, 방치하고 살해까지 저지르는 일이 매년 이렇게 발생하고 있다. 살해와 같이 극단적인 사건은 경찰 조사로 범인이 검거될 확률이 그나마 있지만, 폭행과 상해, 감금, 협박, 방치는 대부분 부모가 자녀의 처벌을 원하지 않아 드러나지 않는다. 그리고 상습적인 반복은 일상이 되어 버리기에 신고조차 생각하지 못하는 경우가 많다. 신고를 한다 하더라도 증거 자료 확보나 법률안의 미흡함 등 여러 문제로 격리되지 못하고 다시 귀가해야 하는 부모는 함부로 신고하기 어려운 것이 현실이다. 가족이라는 이유로 어느 정도 형벌을 받는다 해도 다시 귀가해서 만날 수밖에 없다. 그러니 부모로서는 자녀를 사랑과 낳고 키운 정, 자녀로서는 자신의 신변 안전 문제가 해결되지 못해 신고는 엄두도 내지 못하는 경우가 많으니 이 어찌 안타까운 일이 아닐 수 있는가?

 가장 아름답고 운명적인 만남이어야 할 부모와 자녀 사이가 이토록 가벼운 관계인 것인가. 사랑은 그저 번식을 위한 것이며 멸종을 피하기 위한 수단인 것인가? 사랑, 그 절대적 존재는 우주 시작의 원인과 함께 이미 존재했고 우리에게 동일하게 주어졌는가? 우주로도 담을 수 없이 넓고 깊은 완전한 사랑, 특히 부모의 사랑은 진정 보편적인 필수 요소로 우리 안에 존재하는가? 아, 그토록 원하고 바라는 사랑이 이 정도란 말인가.

완전하고 영원하며 모든 것일 것 같은 사랑, 그중 최고의 사랑으로 여겨지는 부모의 사랑마저 우리의 기대를 저버리는 일들은 외면의 대상이 아니라 직면해 있는 현실이다. 부모라는 명칭을 얻었지만 상상하기 어려운 일을 자행하는 사람들은 우리 주변에서 함께 살아가고 있으며 평범함 모습으로 가정을 이루고 있다.

사랑, 어디에 있는가?

사랑의 검은 그림자 2 : 타자와의 사랑

Episode 1.

　차가운 바람과 함께 진눈깨비가 내리지만 발걸음은 가볍다. 친구들과 함께 하는 자리는 늘 그녀의 마음을 즐겁게 한다. 테이블마다 모락모락 연기가 나는 식당 문을 열고 들어서니 친구들의 모습이 한 눈에 들어온다. 반갑게 맞아주는 친구들과 인사를 나누며 빈 의자에 앉았는데 맞은편에 낯선 사람이 있다. 한 친구가 데려온 그와 정중히 인사를 나눈 후 그동안 나누지 못한 수다를 시작했다.
　각자 세상과 씨름하며 생긴 이야기들을 나누느라 정신이 없다. 바깥의 한기는 모두 사라지고 온기가 가득해질 무렵 나의 시선이 나도 모르게 그에게로 향한다. 몸도 의자에 살짝 걸터앉아 테이블에 바짝 붙어 있다. 다행히 그는 전혀 눈치 채지 못한 채 우리들의 이야기를 듣고 있다. 차분한 목소리와 센스 있는 옷차림, 매너 있는 모습이 그녀의 마음을 끌리게 했으며 그녀 역시 그 끌림을 감출 수 없었다.
　이제 그 남자도 살짝 눈치를 챘는지 그녀와의 눈 맞춤이 빈번해졌다. 이 후 그녀는 그 누구에게도 들키지 않아야 하는 미션을 받은 것처럼 그에게 관심을 표현했으며 그 남자 역시 싫지는 않은 반응을 보였다. 오랜만에 함께 만난 친구들과의 시간은 정말 빠르게 지나갔다. 게다가 우연히 만난 그와의 설렘이 1시간을 1초처럼 느끼게 해주는 마법을 부렸다.
　그렇게 아쉬운 만남의 시간이 끝나고 다음을 기약하는 인사를 나누며 각자의 삶으로 돌아갔다. 그녀는 집으로 돌아가며 줄곧 그에 대한 생각에 잠겼다. 연락처를 물어보지 못한 자신을 후회도 하고 연락처를 물어보지 않은 그 사람도 원망해 본다.

　하지만 그녀는 만나는 사람이 있었다. 몇 년 전 자신에게 사랑을 고백한 남자의 마음을 받아주었고 짧은 데이트 기간을 거쳐 연인 사이로 지내왔다. 모든 것을 다 해줄 것 같은 열정을 보인 그의 태도는 시간이 갈수록 식었고 예상치 못한 성격과 인격들에 당황한 적도 많았다. 연인이라는 통념이 주는 과제들, 즉 생일을 챙겨주고 가끔 여행도 함께 하며 크리스마스와 같은 특정한 날을 함께 보내는 일들을 해야만 했다. 그녀 역시 아름다운 사랑을 꿈꿨고 기대했지만 서로의 다른 점을 인식할수록, 상대의 단점들이 싫어질수록 점점 서로에게 소원해지는 과정은 걷잡을 수 없이 흘러갔고 헤어지는 것을 어떻게 해야 할지 고민하고 있었다. 그녀는 사랑을 받았고 허락했을 뿐 자신이 사랑하는 남자를 만나오지 않았음을 깨닫기 시작했다.

 이 날 그녀는 복잡한 마음에 편히 잠을 이루지 못하고 있는데 연인 사이로 만나온 그에게서는 상투적이고 그녀를 확인하는 느낌의 인사말이 전해진다.

Episode 2.

한 걸음도 걸을 수 없었다.
아무 생각도 나지 않았다.

태어나서 이렇게 큰 충격은 경험해 보지 못했기 때문이었다. 얼마나 그렇게 서 있었을까? 어둠이 짙게 깔린 길 한 가운데에서 어디로 가야할지 무엇을 해야 할지 아무 생각도 나지 않았다.

아침 햇살이 잠에서 깨어나고 싶지 않은 그를 깨운다. 어제와 동일한 태양이 빛을 비추고 주위 환경은 조금도 달라진 것이 없는데 전혀 다른 세상에 있는 기분이다. 어제 그녀와 나눈 대화들이 다시 떠오른다. 믿을 수 없고 믿고 싶지 않은 말들, 상황들이 놓여 있다. 나의 사랑을 받아준 그녀가 전부였고 나의 모든 것을 아낌없이 주었지만 행복했었다. 그녀의 작은 반응 하나에도 춤을 추었고 노래가 절로 나왔었다. 이 세상이 천국이었고 무슨 일이 닥쳐도 이겨낼 수 있었다.
그런데 얼마 전 가장 소중했던 그녀가 갑자기 이별을 통보했다. 아무런 마음의 준비도 하지 못한 상황에서 카운터펀치를 맞아 기절한 기분이었다. 이유를 물어볼 수도 없었다. 그건 그에게 남겨진 마지막 자존심이었다. 떠나지 말라고 애원하고 싶지만 몸이 말을 듣지 않았고 배신감이 치밀어 올라와 화도 났지만 그 어떤 표현도 하지 못했다. 더욱 놀라운 것은 헤어짐 앞에 자신은 그토록 슬픈데 그녀는 조금도 슬퍼하지 않는 모습이었다. 그동안 난 무엇을 한 것일까? 사랑인 줄 알았고 서로 사랑한 줄 알았고 자신의 모든 것을 다 주었는데… .
며칠 동안 아무것도 하지 못한 채 괴로움의 나날들을 견디고 있었는데 친구들로부터 제보가 들어왔다. 그녀가 다른 남자와 데이트를 하고 있으며 얼마 전부터 그런 모습들이 보였다는 것이다. 이유모를 분노가 그를 감쌌고 어떻게 해야 할지 몰라 힘껏 바닥을 두드려본다. 어떻게 해야 하는가?

만나고 있다는 남자는 그도 아는 사람이었다. 더 슬픈 것은 새롭게 만난다는 남자가 자신보다 여러 부분에서 좀 더 좋은 환경이었다는 것이다. 우선 좋은 차가 있고 집안도 괜찮았으며 직업도 남부럽지 않은 사람이었다. 아직 미래가 불분명하고 가진 것이 많지 않았던 그는 자신을 원망해야 할 것만 같았다. 아무도 모르게 소리도 쳐보고 술로 잊어 보려고 마셔도 보고 친구들을 만나 신나게 놀아도 봤지만 이 정체모를 슬픔은 너무나 강력해서 떠나지 않았다. 그저 그렇게 몸부림치며 버티는 것이 살 수 있는 유일한 길이었다.

얼마나 시간이 흘렀을까? 어둠이 깔린 얼굴이 점점 익숙해져 갈 무렵 또 하나의 제보가 날아들었다. 그 남자가 그녀와 헤어지고 다른 여자와 결혼을 한다는 것이었다. 그는 다시 한 번 아무 생각도 나지 않는, 전원이 꺼진 사람처럼 멍하니 하늘만 바라보게 되었다.

1) 사랑의 시작

　인간이 짝을 찾는 것은 인간의 근본 욕구이며 진화생물학자이자 옥스퍼드 대학교 명예교수인 리처드 도킨스(Clinton Richard Dawkins)는 인간을 "DNA를 후세에 전하기 위한 생존 기계"라는 표현으로 정의하였다. 이 표현이 과하지 않은 이유는 모든 생명체의 공통된 본능으로 관찰되기 때문이다. 짝을 찾기 위해 모든 열정을 쏟으며 짝을 얻기 위해 할 수 있는 모든 것을 한다. 목숨까지 건 사투를 벌이는 일은 당연해 보이기까지 하다. 이 얼마나 강력한 본능인가? 이 본능은 그 누구도 거스를 수 없다. 이 욕구의 강력함은 누구나 경험해 봤으리라. 짝을 발견하고 원하게 되면 그 어떤 어려운 일도 할 수 있는 에너지를 발산한다. 반대로 좌절하면 엄청난 고통과 함께 심각한 분노 상태에까지 이르러 범죄로 표출되기도 한다. 우리 인간은 자신의 의지와는 상관없이 이 본능의 욕구에 휘말리게 되고 실현하기 위해 최선을 다하게 된다.

　사랑하면 우린 타자와의 사랑을 가장 먼저 떠올릴 것이다. 그 사랑에 많은 의미를 부여하고 우주의 신비와 시공간을 초월하는 상상을 더한다. 우주의 나이만큼 기나긴 시간을 가진 인연으로 만든다. 사랑은 정말 우리가 염원하는 대로 그 어떤 고귀하고 영원하며 무결한 것인가? 헌신과 희생이 수반된 최고의 이상, 초월적 정신을 넘어 초자연에 내재되어 있는 그 무엇, 모든 만물의 근원인가? 우리의 바람과 기대는 그러할지 모르지만, 세상의 현상들을 냉정한 이성으로 들여다보면 사랑은 우리가 느낄 수 있는 하나의 감정에 불과하지 않을까.

　인간의 DNA에 강력하게 저장되어 있는 본능, 그 어떤 교육도 필요치 않은 이 본능은 어느 시점이 되면 우리를 거부할 수 없는 강력한 힘으로 통제한다. 누군가에게 호감을 가지게 하고 이성적 판단력을 흩트리고 간절하게 원하게 만든다. 결국 우리는 간절히 원하는 본능에 충실하게 된다. 사회적 동물인 인간은 외로움과 고독에 취약하며 생존의 문제와도 직결되어 있다. 실제로 좌절에 빠져 있는 사람이 '프리허그'만으로도 마음이 어느 정도 치유가 된다. 인간은 스킨십이 있어야 정서적으로도 안정감을 유지하며 살아갈 수 있는 존재이다. 육체는 마음과 하나이기에 마음은 육체를 통해 전달되고 육체는 마음을 통해 전달된다. 인간은 생존하기 위해 누군가가 필요하다. 이제 우리가 젊은 시절 사랑이라 부르는 그 만남을 들여다보자.

만남

　인간은 다양한 감정을 느끼며 성장하는데 신체의 변화가 발생하기 시작하는 시기부터 급격하게 타인에 관심이 증가한다. 이 감정은 그 어떤 정신의 세계, 미지의 세계에서 오는 무언가의 신비로움에서 시작되는 것이 아니라 지극히 신체의 변화에서 시작되는 것이리라. 이때 누군가가 타인에 관심을 가지는 감정을 무조건 사랑이라고 부를 수 없다. 그래서 하버드대학 사회관계학 교수인 직 루빈(Zick Ruvin)은 호감(Like)과 사랑(Love)을 분리시켜 이해하려고 하였다. 호감은 좋아하고 유쾌한 감정이며 호의적인 사람에게 느끼는 감사의 감정과도 유사하다. 반면 사랑은 애착과 호감을 넘어 배려와 희생이 뒷받침되고 강한 정서적 안정을 느낀다. 이 세상에서 가장 가치 있는 사람을 만나 그와의 일들이 자신의 인생에서 항상 우선순위가 되는 것, 희생과 헌신이 동반되는 것이 사랑이다. 그러나 호감과 사랑의 경계는 모호하다. 인간은 누군가를 자연스럽게 만나고 호감을 느끼며 사랑을 하게 되는데 아직 사랑이라는 감정에 대한 가치관이 성립하기 전에는 우정과 호감 그리고 사랑을 구별하기가 쉽지 않다. 게다가 개인의 성향, 성숙, 경험들이 더해지면서 더욱 구분하기 어렵게 만든다. 호감에서 금방 사랑으로 발전하는 사람이 있는가 하면 호감을 느껴도 그 정도에서 머무는 사람이 있다. 이 때문에 상호 간에 오해가 발생하며 생각의 차이는 여러 문제를 발생시킨다. 인간의 감정은 복잡해서 호감과 사랑의 구분을 완벽하게 할 수는 없지만, 둘 사이의 차이를 두는 것은 현명한 분석이다. 호감과 사랑의 구분은 인생의 경험이 부족하고 아직 가치관이 정립되지 않은 시기, 연령이 낮을수록 혼돈하기 쉬우니 스스로의 마음을 잘 돌아봐야 할 것이다. 이 차이를 쉽게 알아낼 수 없다는 것을 인식하고 사람에 따라 다름을 고려하여 만남을 가져야 할 것이다.

　이런 모호함을 가진 채 인간은 타인에게 호감을 가지게 되고 모든 이는 대부분 평생 잊지 못할 첫사랑을 경험한다. 우리는 풋풋한 어린 시절 누군가에게 순수하게 호감을 경험하며 이를 첫사랑이라 부른다. 낭만적이고 설렘 가득한 순간이지만 사랑의 열정과 호기심만 클 뿐, 아직 인격적인 교류(필리아), 책임감과 희생(아가페)은 부족하여 감정이 일시적이고 기간이 짧은 경우가 많다. 그리고 본능이 지배하는 시기이기에 외모나 한 개인의 단편적인 모습에 끌린다. 사랑이라고 말하기엔 부족하지만, 그 순수함에 사랑이라는 단어를 아낌없이 붙인다. 개인적 부족함과 연약함, 그리고 짧은 인생을 볼 때 서툴고 많은 것을 고려하지 않았지만, 오직 사람에 끌렸던 첫사랑이 가장 훌륭했을 수도 있다.

 그렇게 우린 누군가에게 호감과 애착을 갖게 되며 만남이 시작된다. 그러다 점점 호감은 확신으로 변해 가면서 우린 사랑이라는 감정으로 들어선다. 그때 인생 최고의 순간이라 여기며 온갖 수식어를 붙여 운명적이고 영원한 사랑이라 노래한다. 생애 최고의 만남인 것처럼, 오직 하나의 사랑을 만난 것처럼. 그러나 정말 그럴까? 적어도 그 순간만큼은 그럴 것이다. 인간의 삶이 순간이듯 인간이 사랑이라고 하는 기간이 순간인 것은 전혀 이상하지도 않으며 지극히 당연할 수도 있다.

 모든 사람은 나름의 매력을 가졌다. 하지만 아름다움으로 인식되고 괜찮은 사람으로 판단되는 사람의 기준이 비슷하다. 아름답다고 여기는 기준과 지향하는 것이 왜 유사한지는 알 수 없지만, 아름다움이 우월함이고 이를 추구하는 것이 본능인 것은 확실해 보인다. 인간은 그렇게 본능적으로 정해진 매력에 이끌려 사랑을 하게 된다. 우리는 오늘도 나 외에도 많은 사람이 같은 시-공간을 살아가고 있음을 확인한다. 시선에 들어오는 수많은 사람, 각자의 목적지를 향해 분주하게 움직이고 그들 중 나와 인연이 닿아 만나게 될 사람, 마법 같은 신비함으로 사랑이 시작되길 바란다. 하지만 이 바람은 우리의 희망이며 극히 소수에게 찾아오는 행운 정도이다. 대부분은 각자의 환경에서 만나게 되고 본능에 매력을 느낀 누군가에게 끌리며 사랑의 열매를 맺는다. 사랑, 특별함보다는 주어진 삶의 본능이다.

 사랑의 만남에 기적, 인연, 운명 등 가장 극적인 수식어를 붙여 보지만 우연보다 더 정확한 단어가 있을까? 우연이 기적, 인연, 운명이라면 아주 적절한 표현일 것이다. 온, 오프라인을 통해 운명적 만남이 이루어지지만 우린 그저 동물적 본능에 충실하게 상대를 찾는다. 외모는 기본이고 인종의 차이, 신분의 격차, 경제적인 능력, 교육 수준, 가치관, 종교, 성격 등 정말 다양한 요소로 만남을 좌우한다. 우열을 가리는 본능이 작동하는 것이다. 이런 여러 요소를 뛰어 넘는 만남이 종종 발생하지만, 그마저도 우리가 꿈꾸는 초월적인 사랑인 경우이기보다는 개인적인 성향일 뿐이다. 유유상종에 어울리지 않는 경우는 대부분 사람마다 각자가 중요하게 생각하는 부분이 다름에서 비롯되는 것일 뿐이다. 호감을 느끼고 사랑할 대상을 찾는 데 여러 복잡한 조건들을 고려해 누구나 이상적인 상대를 찾지만 시-공간적 한계와 개인의 능력, 환경은 쉽게 허락하지 않는다. 그리고 또 하나의 장애물이 존재하는데 마지막으로 내가 원하는 상대 또한 나를 선택해야 하는 난관이 기다리고 있다.

비이성적인 선택

우리는 자신의 생활 반경 안에서 본능으로 누군가에게 끌리고 호감을 느껴 만난다. 우선 누군가에게 관심이 생기고 호기심과 만남의 욕구가 커졌을 때 이성적 판단력은 마비되어 버린다. 자신이 먼저 호감을 가졌을 때는 상대의 모든 말과 행동을 주관적으로 해석하고 자신이 원하는 방향으로 이해한다. 또한 상대로부터 선물을 받고 고백을 받거나 인내심을 가지고 구애를 지속하면, 마음이 약해져 상대방에게 경계심이 해제되고 만남을 시작한다. 혼자라는 불안함은 나이가 들수록 마음을 조급하게 만들고 오해와 오판, 자신을 위한 욕심이 범벅이 되어 이성적인 판단을 하지 못한다. 소위 "콩깍지가 씌었다."라는 표현이 매우 적합해 보인다. 주위 사람의 조언은 귀에 들어오지 않는다. 만난 지 얼마 되지 않았고 마음의 깊은 속을 알지 못하는 사람에게 빠지면 진심으로 사랑하는 부모, 형제, 친척, 친구, 선배의 조언에는 관심이 없다. 자신을 의심하려 하지 않는다. 지금 나를 사랑한다고 말하고 자신이 사랑하는 상대를 의심하려 하지 않는다. 나방이 불을 보고 달려드는 것과 무엇이 다른가?

　스탕달(stendhal, Marie-Henri Beyle)의 말처럼 인간은 호감이 증가하면 일종의 쇼크 상태에 빠져 완전히 몰입하게 된다. 이 쇼크 상태는 그 누구도 예외일 수 없으며 이성을 마비시켜 판단력을 흐리게 하며 합리적 선택을 내릴 수 없게 만든다. 아, 이 얼마나 안타까운 일인가? 우리 인간은 항상 실수와 판단의 착오를 일으키며 살아간다. 그러나 일상생활 속에서의 실수와 오판, 오해 등으로 발생하는 일들은 대부분 웃으며 넘길 수 있지만 만남에 있어서의 실수와 오판, 오해는 전혀 다른 결과를 가져다주어 인생을 송두리째 바꿔 놓을 수 있다. 우리는 인생을 살아가는 동안 누구를 만나느냐가 정말 중요하다. 그중 사랑이라는 이름의 만남이 우리의 삶에서 가장 중요할 수 있다. 한 개인의 삶 전체를 좌지우지할 뿐 아니라 이로 세상에 태어나게 되는 생명의 삶에도 큰 영향을 주기 때문이다. 이렇게 중요한 만남이거늘 우리는 얼마나 신중한가?

 만남에 있어서 또 다른 그림자가 존재하는데 그것은 어느 한 사람이 사회적 위치, 경제적 우위, 힘의 우위로 상대방을 압도하여 거부하거나 회피할 수 없게 하는 것이다. 서로의 합의하에 만남이 이루어져도 아름다운 만남이 되기가 쉽지 않은데, 절대적 우위에 있는 사람이 일방적이고 압도적인 힘으로 상대방을 소유하는 만남, 법과 제도로도 막을 수 없는 그런 만남이 이루어지고 있다. 절대적 힘과 지위를 가진 자가 강압적인 위력을 발휘하면 한 개인의 힘으로는 막아낼 수가 없다. 이런 유사한 경험이 있는 사람은 크게 공감할 것이다. 또 한 사람의 집착, 집요한 성격 때문에 일방적인 만남이 이루어지기도 한다. 힘과 집요함으로 종속되어 버린 이들은 자신의 삶을 살지 못한다. 자유가 없는 삶은 죽은 삶이 아니던가. 프랭크(Frank Tyger)는 "자신이 좋아하는 것을 하는 것이 자유이며 자신이 하는 것을 좋아하는 것이 행복"이라고 하였다. 행복이 사라진 삶은 존재의 의미가 소멸된 것이다.

 이밖에도 자신의 의사와는 상관없이 부모의 강력한 권유로 만나거나 자신 스스로가 사랑보다 사회적 신분, 경제력을 선택하는 경우도 비일비재하다. 애초에 사랑은 허상이라 여기고 현실의 안락과 평안, 더 나은 경제력과 사회적 위치를 최고의 덕목으로 여기고 만난다. 그것이 순리이며 서로에게 필요한 것을 교환이라도 하듯 그렇게 만난다.

사랑, 어디에 있는가?

이별

　애틋한 사랑으로 만난 사람들, 혹은 여러 이유로 적당한 사람을 선택해서 만난 사람들, 행복하게 잘 살아가면 좋은데 그렇지 못한 이들이 많다. 서로가 마음을 허락하여 사랑이 시작된 이후가 더욱 중요한데 자신의 목적을 달성한 후 돌변하는 이들이 많다. 자신을 욕심, 집착, 집요한 성격 때문에 사랑을 쟁취한 것이므로 목표를 이루고 나면 앞으로 지속시켜 나가기 위한 노력은 하지 않는다. 그저 게임에서 승리한 것처럼, 자신이 원하는 것은 기필코 가지고야 마는 성격을 만족시킨 것이다. 고민 끝에 어렵게 사랑을 받아준 상대로서는 당황스럽고 난처한 상황에 직면하게 된다. 한 번의 선택으로 돌이킬 수 없는 인생을 살아야 하는 우리의 삶이 바람 앞에 촛불 같다.

　인간은 선택의 매 순간마다 올바른 판단을 내려 최선의 선택을 할 수 없다. 실수와 시행착오를 거치며 살아가는 것이 인생이지만, 가장 중요한 선택의 순간인 만남에서 누군가를 선택한다는 것이 자칫 나의 인생을 송두리째 흔들어 놓을 수도 있기에 인생의 발걸음을 내딛기가 무섭기까지 하다.

　서로가 서로에게 모든 것, 전부가 되어 버린 호감과 사랑의 감정은 영원할까? 영원하지 않다면 왜 그럴까? 사랑이라는 감정은 그렇게 변하는 것인가? 뇌 과학에서 흥미로운 사실을 밝혀냈다. 사랑이라는 감정에는 허락된 시간이 있다는 것이다. 개개인의 삶의 성향과 성격에 따라 한순간 혹은 하루일 수도 있고 일주일, 한 달, 6개월, 1년 등 기간은 다양하다. 생각보다 짧은 기간이다. 이렇게 짧은 기간보다 더 안타까운 사실은 마음과 성격, 성품과는 상관없이 뇌의 변화에 사랑의 감정이 소멸해 간다는 것이다. 코넬 대학교 인간행동연구소가 발표한 연구 결과를 보면, 사랑이라고 판단되는 시점에서 뇌를 살펴보니 미상핵의 활동이 왕성해졌는데 시간이 지나면서 미상핵의 활동이 점차 줄어들었다고 한다. 개인적 성향, 환경에 따라 조금씩 다르기는 했지만, 연구대상자들의 평균이 900일 정도였다고 한다. 그래서 내린 결론은 인간이 후손을 낳고 가장 보호가 필요한 시기까지가 900일 정도이고 종족 번식에 필요한 본능이 발현된 것이 아닌가 하는 가설을 내놓았다. 여기서 우리가 주목해야 할 점은 사랑의 시작과 끝이 한 개인의 정신, 마음에서 비롯된 선택이라기보다 신체적 변화, 본능에 따라 움직인다는 점이다. 정신, 마음, 영혼이 인간을 지배하길 바라지만 인간을 알면 알수록 지구에 존재하는 생명체와 다를 바 없어 보인다. 인류는 오래전부터 인간을 특별한 존재로 보았고 믿었고 원했다. 영원을 꿈꾸며 영원한 존재로서의 각종 신을 만들고 믿었다. 스스로 신의 자녀가 되었고 신이 될 수 있는 존재로까지 올려놓았으며 자신이 신이라고 자처한 이들도 있었다.(물론 우주의 시작도 보지 못한, 우주에서는 입에 담기도 부끄러울 만큼 미미한 존재인 인간이 수많은 종교와 신앙을 판단하고 분별할 수 없다.) 그런 인간의 고귀한 영혼과 정신이 신체의 변화와 조작에 따라 움직이는 것에 불과하다니…. 나의 감정과 행동들은 나의 신체의 영향 아래에 있는 것이다. 그렇기에 인간은 환경에서 인격, 성격, 가치관 등이 전혀 달라진다. 인간은 뇌의 변화뿐만 아니라 환경의 지배도 받고 있다.

여기서 우리가 주목해야 하는 부분은 미상핵의 활동이 줄어드는 것이지 소멸되는 것이 아니라는 점이다. 처음의 설렘과 환희는 아니더라도 편안함과 안락함, 서로에게 신뢰는 더욱 성장해서 사랑의 감정이 지속적으로 하락하지 않고 유지될 수 있는데 이 두 번째 사랑의 안전장치가 개개인의 단점과 부족함, 서로의 차이와 다름 등에 의해 작동하지 못한다.

또 한 가지 눈여겨볼 연구 자료가 있다. 한 사람과 오랫동안 관계를 지속하지 못하는 사람은 '성인 ADHD(주의력결핍 과잉행동장애)'를 의심해 봐야 한다고 한다. 소아, 청소년에게서 많이 발생하는 정신 질환이지만 성인의 5% 정도도 이 질환을 가지고 있다고 한다. 게임, 웹툰 등 자극적이고 즉각적인 것에 오랫동안 노출되면 책을 읽거나 명상을 하는 데 어려움을 느낀다. 음식이나 음주량 조절 능력도 떨어져 폭식과 폭음을 하게 된다. 일터에서도 차분하게 일 처리를 하지 못하며 충동적으로 처리하여 실수를 유발하게 된다. 개인적 감정 조절 능력도 떨어져 싫증과 짜증을 쉽게 낸다. 소아, 청소년 시기에 적절한 조치를 취하지 않아서 성인이 된 후까지 지속되는 경우도 50%

가 넘는다고 한다. 2016년 6만 5,378명이었던 환자 수가 2020년에는 10만 5,743명으로 급증했다. 전체에서 25% 정도 차지하는 2~30대 여성 질환자도 4년 사이에 7배로 증가했다고 한다. 사랑에 빠지고 이별하는 것이 질환에서도 큰 영향을 받는다는 것이다. 세상의 발전과 편리함이 주는 혜택 그 이면에 나타나는 부작용인 것이다. 인공지능, 인간과 유사해져 가는 로봇의 발전 등으로 사랑은 설 자리를 잃어버리는 것은 아닐까? 인간은 알면 알수록 특별한 정신과 영혼의 존재이기보다 환경에 변화하고 육체에 행동하는 생명체 쪽으로 기우는 것 같다.

　　인간이 뇌에서 생각하고 움직이는 존재라는 것을 인정하더라도 물방울이 다른 물방울과 접촉하면 바로 하나로 흡수되는 것처럼 태어나면 누군가와 애착 관계를 끊임없이 추구한다. 하지만 인간은 두 물질이 만나면 반드시 반응하는 것처럼 단순하지 않다. 성향과 성격, 성장 과정, 살아온 환경과 현재의 환경 등에 따른 수많은 퍼즐을 가지고 있다. 그러기에 만나기 시작하고 사랑에 빠진 순간부터 비로소 이 퍼즐들을 상대와 맞춰보기 시작하는 것이다. 본능적 사랑만으로는 내면적 사랑을 충족시킬 수 없으며 내면적 사랑만으로도 본능적 사랑을 채울 수 없다. 이 복잡한 퍼즐 맞추기에서 부서지고 억지로 맞춰 놓은 퍼즐이 시간이 지나 비틀어진다. 이 과정은 예상할 수 없으며 오직 만나봐야 알 수 있기에 잘 알고 만나는 완전한 만남은 불가능에 가깝다. 열 길 물속은 알아도 한 길 사람 속을 모른다는 옛말이 괜히 생겼겠는가? 수천 년의 경험이 축적된 속담이 아니겠는가. 복잡하고 변화도 심한 인간을 가늠하기란 여간 어려운 일이 아니다. 좋은 사람, 괜찮은 사람이라 믿었던 이들이 훗날 우리의 믿음을 산산이 부서뜨린 일이 얼마나 많은가. 사람이 누군가를 속이기로 작정하면 아무리 사회 경험이 많고 지식인이라고 해도 속수무책이다. 오해와 오판이라는 판단력 부족에 상대방의 감춰진 진실이 더해지면 후회만이 불행한 만남을 위로해 준다. 우리가 이 대목에서 안타깝게 여기는 것은, 설레는 마음을 가득 안고 별이라도 따 줄 마음으로 사랑을 시작하지만, 이내 예상치 못한 모습과 성격을 감당하지 못하고 서로가 가진 문제로 심각하게 충돌한다. 남들이 볼 땐 아무 문제가 아니어도 당사자들 사이에는 헤어짐을 선택할 만큼 중요한 문제로 인식되며 서운한 감정을 느끼고 부정적인 감정이 발생하며 끝내 화 내며 다툰다. 한순간의 개인감정의 변화, 조급한 성격으로 속단하여 좋은 인연을 갈라놓기도 한다. 그토록 사랑한다 말하고 실제로 원 없이 사랑했더라도 사소한 습관 하나를 용납하지 못해 이별을 고민하고 결심하는 경우도 있다. 인간의 마음은 쉽게 헤아릴 수 없고 끊임없이 변하기 때문에 서로가 성숙하지 못하면 감당하기 쉽지 않은 존재라는 것을 깊이 성찰해 본 적도 없이 본능에서 만남을 이어간다. 그저 다른 사람과는 괜찮을 거라는 기대로 또 다른 만남을 반복한다. 어떤 성격이나 취미나 성품이 장점으로 느껴져 만났다가 장점이 단점으로 둔갑하는 경험도 하게 되며 모든 것이 다 좋은데 한 가지가 부족하다고 이별을 선택하기도 한다. 각자 이별하는 정확한 이유와 원인도 모른 채 혹은 깊은 고민과 성찰 없이 헤어지는 것에만 집중한다. 그러다 보니 이별 후 다른 사람과 만나게 되더라도 이전 만남이 이별로 끝난 이유와 동일하게 헤어짐을 반복하게 된다. 이별의 아픔을 상대의 원망으로 해소하며 각자의 문제를 해결하려는 노력은 하지 않거나 못한다. 그리하여 각자가 가지고 있는 단점은 보완되지 않은 채 자신의 단점까지 이해해 줄 사람이나 성향, 성격 등이 유사하여 이전 만남에서 헤어지게 만든 요소가 단점이 아닐 수 있는 대상을 찾는다.

여기서 우리는 바로 자신을 깊이 돌아볼 필요가 있다. 우리는 스스로를 객관적으로 판단하며 살 수 없는 존재이다. 이기적인 마음은 본능 저 깊은 곳에 자리하고 있어서 내가 잘못한 것도 타인이나 환경 탓으로 돌리며 변명하기 일쑤이다. 마치 그것이 나를 보호한다고 착각하고 강력하게 방어한다. 안타까운 것은 그 방어 기재가 자신의 발목을 잡는 것을 모른 채 단점을 부둥켜안고 더욱 강화해 가며 살아간다. 그리고는 부서지고 깨지고 모난 부분을 상대가 이해해 주길 바라며 그로 대가를 상대방에게 전가시킨다. 우린 스스로를 돌아보며 나이가 들어감에 따라 인격과 성품도 성장하려고 노력하며 사는가? 나는 타인과 한 공동체를 이루며 살아갈 지혜, 성품, 인격을 갖추었는지 돌아보라. 생각보다 부족한 나로 그토록 사랑한다고 외친 상대를 떠나보낸다. 사람을 변화시키는 사랑은 보편적으로 그 힘을 발휘하지 않는 것인가? 사랑조차 사람을 변화시키지 못한다면 인간은 어디에서 희망을 찾아야 할까?

  이별은 성향, 성격 차이, 문화, 가치관 등 당사자들 간의 조화가 깨져 발생하기도 하지만 만나고 있는 상대보다 더 괜찮은 사람을 만나 마음이 변해서 생기기도 한다. 실제로 다른 사람과 호감을 가지고 만나지 않더라도 더 좋은 사람을 만나고 싶은 생각만으로도 이별을 선택한다. 자신의 선택을 후회하는 것이다.

  누군가를 만나면 억지로라도 죽는 순간까지 그 만남을 사랑이라 부르며 유지해야 하는가? 더 좋은 사람을 만날 기회가 주어진다면 신중하게 판단해서 다시 결정할 수 있는 것이다. 다만 상대의 마음은 아직 보낼 준비가 되지 않았고 보낼 마음이 없을 때가 문제이다. 사랑하기에 그의 행복을 위해서 상대가 원하는 사람에게 보낼 수 없는가? 우리의 사랑은 초월적이고 절대적이며 헌신적인 것이 아니라 그저 본능이기에 쉽지 않다. 우린 더 좋은 사람을 만났다고 다른 사랑을 찾아 떠나는 사람들을 쉽게 비난하지만, 그런 상황에 노출되면 더 나은 상대를 만나고 싶어 하는 본능은 인간을 요동치게 한다. 실제로 이런 상황에 노출이 되면 이성적 판단이 어렵고 미래를 알지 못하는 인간이 올바른 판단을 내리기 쉽지 않다. 이렇게 자신과 상대방의 잠재된 단점과 부족한 분별력은 영원한 사랑을 꿈꾸는 만남을 여지없이 이별로 바꿔 놓는다.

  둘 중 한 사람이 아무리 간절하게 사랑하고 상대를 원해도 그 마음이 일방적이면 만남도 사랑도 이루어지지 않는다. 홀로 사랑하는 마음을 가진 것도 사랑이라고 한다면 이루어지지 않는 사랑은 없겠지만, 여기서는 일방적인 사랑은 사랑의 미완성으로 보겠다. 둘 다 사랑의 크기가 똑같을 수 없겠지만 그 차이가 크다면 그 만남의 끝은 이별이 될 것이다. 똑같이 사랑을 시작해도 어느 한쪽의 마음에 사랑이 더 빨리 소멸되기 시작하면 그 끝도 이별이 된다. 사랑, 정체가 무엇이길래 이리도 변덕이 심하며 시기도 크기도 표현 방식도 모두 다르단 말인가.

 이별한 후 인간은 새로운 세상, 새로운 사람에게 호기심의 본능이 끊임없이 작동하여 또 다른 사랑을 시작하게 한다. 그리고 다시 최선을 다해 사랑을 얻으려 한다. 인간이 무언가(사랑, 권력, 돈, 이익, 복수 등)를 원할 때 어떤 결정을 하며 어떻게 돌변하는지는 우리 스스로가 더 잘 알고 있다. 이런 인간들에 아인슈타인(Albert Einstein)은 "인간, 그들의 공동체는 얼마나 지구를 비참하게 만드는가. 고통과 탄식, 괴로움으로 채우는 전쟁과 온갖 탄압을 서슴없이 일삼는다."라고 통렬히 비판했다. 인간의 만남과 헤어짐은 서열 경쟁을 목숨 걸고 하는 동물의 세계보다 더욱 치열하고 복잡하다. 이런 만남과 이별의 반복 속에 사랑은 무엇이며 어떤 역할을 감당하는가?

아픔, 그 이상의 고통

자신의 선택과 행동에 대한 당위성을 부여하고 합리화하는 과정을 거쳐 두 사람의 합의로 만남이 성사되면 세상을 다 얻은 사람처럼 행복을 만끽하며 사랑에 푹 빠져든다. 본능의 힘은 워낙 강력하여 망설임도 없다. 자신들의 욕구와 필요, 외로움, 홀로 살아갈 때 발생하는 여러 어려움과 문제들을 해결하기 위해, 그리고 궁극적으로는 생존을 위해 시작한다. 자신의 이해도 부족한 채, 타인에 대해서도 잘 모른 채, 그리고 둘의 조합이 어떤 결과를 가져올지 알지 못한 채 로맨틱한 사랑을 꿈꾸며 사랑을 시작한다. 그러나 자신의 몰이해와 타인에 대한 잘못된 확신은 좋지 않은 결과를 가져다준다. 몰랐던 자신과 상대방의 습관과 성격, 성품에 힘겨움을 느끼며 생각보다 쉽지 않은 이별에 심각한 고민의 나날들이 찾아온다. 행복한 시간보다 다툼의 시간이 많아지고 갈등으로 불필요한 스트레스에 몸과 마음이 우울해진다. 믿어 보고 속아 보고 좋아질 것이라는 근거 없는 희망에 사로잡혀 인생에서 가장 아름다운 시기를 그렇게 보낸다.

여기서 한 걸음 더 들어가 보면, 이상적인 사랑을 기대하며 시작하는 타인과의 만남이 좀 더 심각한 과정과 큰 아픔의 결과를 가져다주기도 한다. 설레고 가슴 벅찬 감동과 환희를 선사하는 사랑, 잠을 못 이룰 만큼 꿈에 그리던 사랑, 눈부신 태양보다 아니 세상 그 아무리 아름다운 장관보다 그대를 보는 것이 가장 행복한 사랑이 비극을 가져다준다니 이 역설은 어떻게 봐야 하는가? 셰익스피어, 괴테, 단테 등 대문호의 글과 삶 속에서조차 사랑은 비극이었다. 그 누구도 대신하지 못할 사랑을 만나 세상에 단 한 사람이 전부가 되지만 모두 비극으로 끝맺는다. 서로의 사랑하는 마음이 아무리 깊고 크더라도 현실 앞에서는 별 힘을 발휘하지 못한다. 가문 등 주변 환경 때문에 비운의 사랑으로 참담한 결말을 짓는다. 누구도 대신할 수 없을 것 같은 사랑을 만나지만 다른 사람과 사랑을 약속한 비운의 사랑도 참담한 결말을 짓는다.

우리는 본능, 성격 차이, 오해와 오판 등 다양한 이유로 이별을 한다. 우리는 이별을 어떻게 하는가? 서로 호감을 느끼며 로맨틱하게 만남을 이어왔으니 이별의 시점에서도 서로 대화하고 이해하며 이별할까? 누군가를 좋아하게 되고 만나게 될 때에는 상상조차 하지 못했던 일들이 이별할 때 벌어진다. 수많은 사람이 만남의 대가 혹은 이별의 대가를 상상하지 못할 만큼 혹독하게 치르기도 한다.

　이별의 시기는 누가 결정하는가? 동시에 두 사람이 이별을 예상하여 점차 서로에게 소홀해지고 적당한 시기를 봐서 한 명이 조심스레 말을 꺼내면 기다렸다는 듯 서로는 헤어진다. 이별 중 가장 자연스러운 이별이라 생각된다. 또 이별을 결심한 사람이 상대방에게 소홀하거나 불쾌한 말과 행동을 하여 헤어지고 싶도록 만들기도 한다. 우리는 각자의 성향에 따라 다양한 이별 방법을 선택한다. 바로 이 순간 사랑은 인간의 공격성을 강화시키고 자제력을 무용지물로 만들어 버린다. 그 누구도 피해 갈 수 없는 인간의 본성이다. 만나는 과정 속에서 서로 다른 두 사람은 의견 충돌이 발생할 수밖에 없고 헤어질 때는 두말할 필요도 없다. 이때 감정은 평정심을 잃고 이성은 마비되어 두 사람은 폭력의 가해자가 되기도 하며 피해자가 되기도 한다. 둘만의 데이트는 타인이 알 수 없기에 피해자의 수를 가늠할 수는 없다. 폭력은 점차 거세지기 마련이다. 점차 그 수위가 높아지고 강력 사건으로까지 확장된다. 사랑을 원했고 사랑하는 사람을 만났다고 여겼지만 스치지도 말았어야 할 원수를 만난 것이 되고 만다. 여성의 인권 문제는 인류 역사에서 외면당해 왔기에 최근에서야 관심을 가지고 법적인 보완이 이루어지고 있다. 2016~2019년 사이 데이트 폭력으로 살인 사건이 108건에 이른다. 이전에는 조사를 하지 않았고 무차별적인 폭력에 노출되는 일들이 다반사였다. 힘의 우위에 있는 측이 조금씩 강도가 심해지는 폭행을 하고 결국 스토킹, 주거 침입, 감금, 심한 폭행으로 확장되다가 결국 '교제 살인'까지 발생하는 것이다. 이별을 통보했다고, 돈 때문에, 자신의 욕심과 분노 때문에 사랑을 약속한 사람을 죽이기까지 한다. 사랑은 어디서 무엇을 하고 있었단 말인가?

　누가 피해자인지 가해자인지 판단이 어려울 때도 있다. 말은 때론 신체적 폭력보다 더 심한 상처를 준다. 마음의 상처, 자존심과 자존감을 붕괴시켜 버리는 말은 상대방을 최악의 상황으로 몰아넣는다. '수동공격'이라 부르는 말의 치명적인 비수는 사람의 이성을 마비시키고 한순간 감정을 폭발시켜 버린다. 그래서 일부 사건을 보면 폭행당한 자가 자신이 피해자인 척하지만, 사건을 잘 살펴보면 폭행 유발을 자처한 경우도 많다. 상대의 폭력적인 속성이 드러났든 상대의 폭력성을 끄집어냈든 누군가를 만나 사랑이라는 울타리 안으로 들어갔지만 결과는 상처만 남았다.

선택의 책임은 오롯이 자신이 져야 하며, 자신의 선택 능력, 오해와 오판 등에 만남의 대가는 서로의 가슴에 상처만 남기고, 때론 잊을 수 없는 분노와 공포의 추억을 주고받는다. '아, 내가 어쩌다가 이런 사람을 만났는가?' 아무리 후회해도 시간은 돌이킬 수 없으며 치유할 수 없는 깊은 상처를 남긴다. 그렇게 지나간 세월은 회복하지 못하는 지금의 나를 만든다. 이런 경험은 타인에 대한 불신과 불안을 심어줘 행복한 삶을 만들어 가는데 큰 장애를 가져다준다.

인간의 근본적인 본능에 따라, 행복을 찾아 사랑을 시작했는데…. 내가 상대방에게 어떤 사람일지, 상대가 나에게 어떤 사람일지 전혀 알지 못한 채 그렇게 시작했는데…. 꽃처럼 화사하게 온 마음과 정신이 매료되어 행복한 사랑을 꿈꿨는데, 목련처럼 아름답고 고귀한 사랑이 찾아온 줄만 알았는데, 그 사랑은 너무나 빨리 시들어 버렸고 비에 젖어 땅에 떨어진 꽃잎들은 금방 변색되어 외면당하니 사랑은 어디에 있는가?

2) 결혼

시작

　모든 사랑이 결혼으로 이어지지는 않는다. 아니 대부분의 사랑은 결혼으로 이어지지 않는다. 만남과 헤어짐을 반복하다가 결혼할 시기, 결혼할 준비가 된 시기에 만나는 상대와 결혼을 한다. 만남과 이별을 경험하면서 점차 기준이 달라지며 본능에 가까운 사랑이 영원하지도 않다는 것을 경험적으로 알게 되기 때문에 사랑하는 상대를 찾아 결혼하기보다 결혼 적령기에 경제적인 부분과 인성, 배경 등이 적합하다고 판단되는 사람과 결혼한다. 우리는 점점 변하는 존재이기도 하고 오랜 시간을 서로가 알아볼 겨를도 없이 세월에 쫓겨 급하게 결혼하게 되는 경우도 많다. 태어나면 누구나 학교에 다니듯 결혼은 인생에서 거쳐야 하는 과정이며 어느 정도 나이가 들면 해야 하는 과제로 다가온다. 그렇다면 결혼은 사랑과 어느 정도 관련이 있는 것일까?

　사랑의 종착지는 결혼, 사랑에 의한 결혼은 곧 행복이라는 생각이 우리 의식 속에 녹아있다. 사랑하는 사람과 가정을 이루고 자녀를 키우며 한평생 행복하게 살아가는 삶은 누구나 꿈꾸는 것이다. 그래서 우리는 결혼할 시기에 누군가와 공동의 목표를 두고 만나며 호감에서 사랑이라는 감정으로 성장해 결혼한다. 결혼이라는 목표는 자연스러운 사랑으로의 성장보다 그 목표를 달성하기 위해 사랑의 감정으로 성장시키는 역할을 감당한다. 결혼은 상대와 헤어지는 아쉬움도 사라지게 하고 모든 것을 함께 할 수 있으며 공동의 완전체인 자녀를 얻기에 인생의 큰 목표이자 목적이다. '나도 누군가를 만날 수 있을까?' 하며 상대를 찾아다니는 수고를 더 이상 하지 않아도 되며 서로를 알아가는 시간과 확신을 가지기 전까지의 온갖 어려움을 더 이상 겪지 않아도 된다는 안정감은 우리의 마음과 삶을 평안하게 해준다.

　인간은 혼자서는 자녀를 낳을 수 없고 혼자서 자녀를 양육하며 살아가기 힘들기에 결혼은 필수적이며 절대적으로 필요하다고 볼 수 있다. 그렇기에 결혼 적령기에 가장 적합하다고 판단된 상대와 결혼의 절차를 밟는다. 양가 상견례라는 어려운 만남을 통과하는 과정은 결혼의 무게감을 절실히 느끼게 한다. 무사히 허락을 받게 되면 결혼 생활의 단면을 경험하게 된다. 힘을 모아 새로운 보금자리를 만들고 그곳을 오롯이 둘만의 것들로 채우는 행복을 만끽하기도 하지만, 여기서 많은 다툼이 발생하고 서로에게 불만과 불신이 촉발되기도 한다. 사랑이라는 감정에만 의지하여 결혼을 준비한 사람들일수록 현실이 주는 충격은 크다. 쉽지 않은 세상, 자본주의 세상과 정면으로 마주하게 되기 때문이다. 서로 사랑을 속삭이며 데이트할 때야 어디서 무얼 하든 함께 있으면 행복했지만, 경제력이 전부인 것 같은 세상을 마주하면 그런 현실 앞에 당황하게 된다. 웨딩 촬영 비용, 신혼여행, 상견례, 결혼식장, 심지어 청첩장까지 경제력에 따라 선택의 폭이 넓다는 것을 알게 되며 다른 사람들, 지인들과 비교도 하게 되어 상대적 박탈감도 느낄 수 있다. 각자 중요하게 생각하는 가치관의 차이도 발견하기 시작하며 이 시기에 결혼을 용기 있게 포기하는 경우도 있다. 하지만 대부분은 상견례 등 쉽지 않은 과정들이 진행되고 있어서 뭔가 잘못되고 있다는 것을 직감하더라도 쉽게 파혼을 실천하지 못한다. 어떤 거대한 물살에 휩쓸리듯 결혼식장에 들어서고 있는 자신을 발견한다. 물론 한 번도 경험해 보지 못한 상황들 때문에 힘들었을 뿐 결혼 후 화목한 가정을 이루는 경우가 왜 없겠는가? 하지만 결혼을 준비하는 시기에 마찰이 생긴다면 함께 살 때가 어느 정도 예상되지 않는가. 미래를 알 수 없고 상대, 심지어 자신도 정확히 알지 못하는 우리로서는 이 혼란스러운 상황에서 올바른 결단을 내리지 못한다. 어디로 가야 하는지 그 누구도 말해 주지 못하며 지인들의 온갖 조언은 그저 한 개인의 경험과 생각일 뿐 나의 상황과는 맞지 않는다.

 힘들고 지칠 때 오직 나의 편이 되어 줄 상대를 얻어 죽는 날까지, 아니 죽어서도 외롭지 않고 행복할 수 있기를 간절히 바라며 결혼을 한다. 일생에서 가장 화려한 하루를 준비하고 주인공이 되어 서로 사랑하고 서로에게 최선을 다할 것을 만인 앞에 맹세한다. 그리고 이제 증인과 함께 법적 부부로 등록하면 전혀 다른 삶의 길이 시작된다. 인간의 본능과 결핍이 누군가를 찾고 사랑하게 하여 결국 결혼으로 우리를 이끌어 간다. 인간으로 태어나 가장 아름다운 시기에 둘은 호감을 느끼고 서로를 원하고 세상을 함께 살아간다. 어떤 미래가 기다리고 있는지 상상하지도 못한 채….

암묵적 강요

 앞서 살펴본 바와 같이 결혼을 선택하는 것은 개인의 본능이자 필요의 선택이기도 하며 자연스러운 과정이기도 하다. 여기서 우리가 좀 더 관심을 가져야 할 부분이 있다. 결혼은 부모로부터의 독립이며 또 다른 하나의 가정을 창조하는 것이다. 모든 생명체는 생존을 위해 최선을 다하며 생명을 이어간다. 인간이 어찌 예외일 수 있겠는가? 생존의 위협을 느끼면 사랑은 사치가 되고 만다. 한 가정의 번창은 경제력에서 결정되며 한 국가의 번영 역시 경제력이 근간이 된다. 지금까지 인류의 역사는 먹고사는 문제가 핵심이었으며, 이 때문에 목숨을 건 전쟁도 마다하지 않아 왔다. 안타깝지만 앞으로도 그럴 것이다.

 결혼은 개인에게도 절실하지만 국가와 사회 역시 반드시 필요한 것이다. 결혼은 인구를 유지시켜 주거나 증가시켜 줄 가장 중요한 부분을 감당하며 경제적 활성화에 크게 기여한다. 과학 기술의 발달로 인간을 생산할 수 있는 상황까지 왔지만, 물건처럼 만들어 낸 인간을 어떻게 키울 것이며 비윤리적이고 존엄성을 무너뜨릴 수 있는 일은 여전히 금기시되고 있다. 이 중대한 일을 해낼 수 있는 가장 훌륭한 대안은 가정이다. 국가와 사회는 양육의 부담을 가지지 않아도 되고, 부모의 사랑은 안정감 있는 사회 구성원으로 양육하기 때문에 사회적 불안 요소가 절대적으로 감소하게 된다. 즉 결혼은 개인의 필요한 요소일 뿐 아니라 국가와 사회도 필요로 하며 국가와 사회는 이를 권장할 수밖에 없다. 좋은 사회, 안정된 국가를 형성하는 데 결혼이라는 제도보다 나은 선택지를 만들 수 있을까?

 그러다 보니, 사회의 시스템 안에서 작동하고 있는 각종 혜택과 제도들은 가정을 전제로 이루어져 있다. 결혼을 하지 않고 살아가는 것은 여러 손해를 감수해야 함을 의미한다. 이에 더해서 결혼은, 사회가 던져 준 과제로 인식된 풍토도 결혼하게 하는 데 한몫을 한다. 결혼을 하지 않고 동거하는 사람에게 시선, 결혼하지 않고 자녀를 낳고 키우는 데 따르는 사회적-법적 불이익, 결혼하지 않은 사람을 대하는 사회의 태도는 결혼하지 않고 살아가는 데 많은 어려움과 불편함을 준다. 그래서 결혼은 사랑을 떠나 정신적인 안정감과 여러 불편한 상황을 해소해 주며 궁극적으로는 혼자 살아가는 것보다 여러 가지로 유리한 상황을 마련해 준다. 그러므로 결혼은 편하고 안정적으로 살아가게 하는 피난처이면서 사회, 집단의 요구에 부응하는 결정이다. 멸종을 원치 않는 인간 본성에 암묵적으로 결혼을 종용하는 힘을 발휘하고 있는지도 모른다. 부모가 왜 그렇게 자녀의 결혼을 강요하겠는가? 자녀가 행복한 가정을 이루어 외롭지 않고 행복하게 살기를 바라는 마음도 포함되겠지만, 자신의 유전자가 흔적도 없이 끊어지는 것을 원하지 않기 때문이 아닐까? 나를 닮은 자녀가 나의 유전자를 포함한 다음 세대를 낳을 때 모든 인생의 과업을 끝낸 듯 행복하지 않겠는가? 사회 구조와 제도, 사회의 시선과 더불어 가족 안에서의 요구는, 결혼하지 않고 살아가기 어렵게 한다. 이렇다 보니 성 소수자이지만 이성과의 결혼을 선택하여 자신의 안전과 사회적 비난의 화살을 회피해서 살아가는 사람도 많다. 편견과 선입견이 줄어들었다고는 하지만 여전히 성 소수자들은 자신을 숨긴 채 사회가 요구하는 삶의 울타리 안에서 살아간다. 자신의 정체성마저 숨기며 결혼이라는 제도를 수용해야 하는 사회적 요구는 우리의 생각 그 이상으로 강력한 힘을 발휘하고 있는 것이다.

 물론 인간이 집단사회를 이루어 공동체로 살아갈 때 수많은 문제가 발생하게 되는데 이를 근본적으로 가장 잘 해결할 수 있는 것이 결혼제도이며 이보다 나은 대안이 없기에 우리 사회는 모든 기본 단위를 가족으로 정해 놓고 사회 정책, 문화가 형성되어 있다. 가족 형태는 다양해져 가고 사회의 인식도 조금씩 변해 가지만, 여전히 가정이 사회, 문화의 중심에 위치해 있고 최소 단위이며 사회를 구성해 나가는데 기본이 되는 가정을 유지하도록 강제하는 암묵적인 분위기는 바뀌지 않고 있다.

  결혼하는 목적의 연구 결과를 보면, 사랑하기 때문이라는 답변은 15% 정도이며 나머지 부분은 정서적 안정감과 경제 문제, 자녀 순이었다. 여성의 경우 경제적 독립이 가능하면 굳이 결혼을 선택하지 않아도 된다. 가 60%를 넘었다. 결혼은 15 대 85라는 압도적인 차이로 삶을 살아가는 수단에 불과하다는 것을 알 수 있는 데이터이다. 이렇게 삶은 결국 의식주 문제를 해결해야 하기에 경제적인 부분이 가장 큰 영향력을 행사하는데 안타깝게도 여전히 여성의 사회 진출 기회와 사회에서의 대우, 연봉 평균은 남성보다 많이 낮은 수준임을 감안하면, 여성은 자신의 의지와는 상관없이 암묵적인 강요를 받고 있는 것이 현실이다. 경제적인 부분이 중요한 만큼 직업이나 재산이 결혼 결정에 큰 영향력을 행사한다.

결혼은 사랑의 결정체 아닌가?
사랑은 어디에 있는가?

3) 이혼

이별보다 무거운

행복한 가정을 이루고 사는 사람들이 얼마나 될까? 은희경의 '빈처'의 한 부분은 우리의 결혼 생활을 잘 보여 주고 있다. "분명히 사랑해서 결혼했는데 사랑을 이루고 나니 이렇게 당연한 순서인 것처럼 외로움이 기다리고 있다. 이루지 못한 사랑에는 화려한 비탄이라도 있지만 이루어진 사랑은 이렇게 남루한 일상을 남길 뿐인가."

세기의 이혼이라 불리며 세상의 주목을 끄는 이별이 눈길을 사로잡는다. 20세기 가장 극적인 이혼은 한 국가의 왕세자와 왕세자비의 이혼 소식이었다. 왕세자비, 그녀는 많은 어린이와 집 없는 사람을 도와 세계인의 관심을 집중시켰고 관심이 높은 그녀를 취재하려는 언론과 파파라치들은 그녀의 사생활을 허락하지 않았다. 결국 파리에서 파파라치를 피하다가 퐁드랄마 터널 기둥에 차가 부딪히는 사고로 인생을 마무리하게 되었다. 필자는 그 장소를 자동차로 지나간 적이 있었는데 세상 사람의 주목을 받던 그녀의 마지막 장소로는 지극히 평범하고 초라하기까지 한 장소였다. 현대판 신데렐라에 대중의 관심은 폭발적이어서 모든 유명인 중 가장 많은 사진이 찍혔다고 한다. 대중의 호기심이 그녀를 그렇게 보내게 했다고 봐도 과언이 아니다.

여기서 위 사건을 조명한 이유는 인간은 자신이 가 보지 않은 길, 살아 보지 않은 삶을 예측할 수 없다는 것이다. 결혼할 당시에는 가장 현명한 선택을 한 것 같았지만 그저 당시 상황에서 최선을 다해 선택한 것일 뿐이다. 다이애나 왕세자비는 마치 동화 속 주인공이 연상되는 결혼을 선택했다. 왕자와의 결혼은 누구나 한 번씩 꿈꿔 온 인생 최고의 희망 사항 아닌가. 그래서인지 전 세계가 두 사람의 결혼을 주목했고 사람들의 축복을 받으며 1981년 세기의 결혼식을 올렸지만 10년 후 함께 할 수 없다고 판단한 그녀는 별거를 시작해 1996년 공식 이혼을 선택했다.

　이혼, 이별, 헤어짐은 확실히 행복은 아닌 것 같다. 전 세계에 이 소식이 전해졌을 때 안타까움과 탄식이 흘러나왔다. 이혼 사유를 살펴보자면 결혼 전 두 사람이 호감을 가지기 시작할 무렵 영국 왕가에서는 찰스 왕세자와 행복하게 살 수 있는 배우자를 찾기보다 다이애나 집안을 보고 결격사유가 있는지를 찾고 어떠한 문제가 없는지를 면밀하게 살펴보았다고 한다. 또한 찰스 왕세자가 사랑이 가득한 결혼 생활을 잘 할 수 있도록 준비시키지는 않았다. 찰스 왕세자는 왕실을 보존하고 유지하기 위해 결혼하였고 다이애나는 왕실이라는 거부할 수 없는 권력과 부에 마음이 움직였던 것일까? 다이애나의 가문도 귀족 가문의 최상류층이었다. 어린 시절 찰스 왕세자 남동생인 앤드루 왕자와 소꿉친구여서 찰스 왕세자와 이미 만난 적이 있었고 20세에 다시 만난 둘은 호감을 갖기 시작했다. 서로를 잘 알기 전에 이미 언론에서 관심을 갖고 세상을 떠들썩하게 만들었으며 자상함에 반한 찰스 왕세자가 청혼을 하였다. 다이애나로서도 혼란스러웠을 것이며 거절하기 힘들었으리라 생각된다. 그렇게 결혼하는 사람이 얼마나 많을까? 우리의 결혼 역시 서로를 깊이 알기 전에 이미 여러 일이 진행되어 돌이키기 힘든 상황에 놓여 결혼하게 되는 경우가 많다. 그렇게 결혼하게 되니 결혼 생활이 순탄할 수 있겠는가? 결혼을 하면 교제 때와는 차원이 다르게 모든 삶을 공유해야 하며 사소한 습관까지 그대로 서로에게 노출된다. 그리고 가장 중요한 마음, 깊이 들여다보기 힘든 알 수 없었던 마음을 서서히 알아가게 된다. 세기의 결혼식을 올리고 보니 찰스 왕세자는 사랑하는 연인이 있었고 자신과의 신혼여행 중에도 그녀가 선물한 커프스를 달고 다녔다. 결혼은 자신과 하고 사랑은 그녀와 나누는 것을 수용할 수 없었던 다이애나는 자살을 시도했다. 남편과의 불화도 깊어 갔지만 왕실 생활과 왕족의 숨이 막히는 태도와 분위기는 그녀를 더욱 힘들게 하였으며, 결혼 생활을 지켜보려 노력은 했으나 한계에 다다르고 말았다. 이혼하는 대부분의 사람이 이와 유사한 절차를 밟지 않나 생각한다. 결혼 전 어느 누가 자신의 검은 발톱을 그대로 보인단 말인가? 그렇다고 그들이 속였다고 말할 수 있는가? 사랑하게 된 사람 앞에서 그 누가 자신의 치부를 있는 그대로 드러내겠는가? 잘해 주고 싶은 마음이야 진심 아니었겠는가? 게다가 자신이 상대방을 힘들게 하는 치명적인 단점을 가지고 있어도 그 사실을 전혀 모르는 경우도 많다. 인격과 성품은 부모의 영향, 성장한 환경의 영향이 지배적이다. 그리고 성장 과정 속에서 인격과 성품, 그리고 사랑을 받고 주는 교육을 받을 기회도 없다. 그렇다 보니 스스로 고민하며 사랑을 배워야 하고 행복한 가정을 이루기 위해 노력하다 보니 충분히 준비하지 못한 채 성인이 된다. 결혼을 잘하기 위해 외모에만 신경 쓰며 충분한 경제력을 가지는 데에만 최선의 노력을 할 뿐 정작 중요한 사랑할 수 있는 성품, 사랑 받을 사람이 되려는 노력은 해야 한다는 생각조차 못 한다. 결혼한 후에도 가정은 사랑으로 채워지기보다 경제력으로 채워지고 그것만으로 만족해하며 책임을 다했다고 생각한다. 게다가 인간의 본능을 어떻게 제어해야 할까? 돈과 권력이 있으면 결혼을 했더라도, 나이가 많더라도 만남과 사랑을 허락하는 이들과 그들을 뿌리치지 않거나 오히려 반기는 이들, 그리고 돈과 권력으로 더 많은 관계를 원하는 사람들…. 우리도 같은 인간이기에 동일하게 절박한 상황, 동등한 위치와 그 상황에 있어 보지 않고 쉽게 비난해서는 안 될 것이다. 그저 본능 그대로의 인간의 모습이다. 이해는 되지만 둘 사이의 합의 없이 또 다른 누군가를 만난다는 사실은 상대에게 치명적인 상처를 안긴다. 그러므로 상대방을 진심으로 사랑한다면 합의 없이 또 다른 타인을 만나지 말아야 하며, 건강을 위해 폭식과 과음을 절제하듯 자신의 마음을 다스릴 수 있어야 한다. 이 절제가 사랑하는 사람들을 지키는 것이라면 소홀히 할 수 없는 덕목이다.

이혼 사유 통계를 보면, 성격 차이가 45.2%로 가장 높고 경제적인 문제가 10.2%로 그다음으로 중요한 문제였다. 배우자의 부정(7%)과 가족 집안과의 불화(7%)도 비중이 높게 나왔다. 기타에는 종교적인 갈등, 폭력, 학대, 가정에 소홀함, 정신적인 문제, 중독 등 정말 다양했다. 통계 자료는 이렇지만 성격 차이라고 응답한 이들에게서 좀 더 자세한 답변을 살펴보면 가장 대답하기 편해서 선택했으며 사실은 경제적인 문제가 발생한 후 잦은 다툼과 감정 대립이 생겨 이혼 사유의 가장 큰 이유를 경제적인 문제로 봐야 한다고 주장하기도 한다. 그리고 부부관계에서의 차이와 부정(외도)도 쉽게 밝히지 않아서 통계에 정확히 적용되었다고 볼 수 없다고 한다. 인간의 다양한 만큼 이혼 사유도 각양각색이며 이 내용들을 살펴보니 결혼 생활이 원만한 것이 오히려 신기한 일로 여겨진다.

어쨌든 이혼 사유를 보면, 먹고 사는 근본적인 본능과 육체적 본능 그리고 정신적(가치관, 성격 등)인 부분이 가장 중요한 요소로 파악된다. 인간은 육체와 정신을 정확하게 분리시키기 힘든 존재이기에 어느 한쪽의 부재는 결핍을 초래하고 결핍이 지속되면 견디지 못한다. 둘 다 중요한 부분이지만 인격적인 사랑이 더욱 중요하다. 왜냐하면 결혼 생활에서 에로스적 사랑이 원만해지려면 인격적이고 헌신적인 사랑이 근본이 되어야 하기 때문이다. 우리는 육체적 본능을 가지고 있지만, 사랑하는 마음이 없다면 허무한 마음만 반복적으로 얻게 될 것이다. 나를 위해 따뜻한 말 한마디 해주는 사랑, 나를 보면 행복한 누군가가 필요한 존재이기 때문에 상대를 위하고 상대를 이해하고 상대를 배려하지 않으면 이별의 아픔만이 우리를 기다리고 있게 된다. 이혼 사유의 종류가 많아 보이지만 그 핵심은 사랑에서 비롯된 서로의 인품과 인성이다.

우린 스스로에 대해서도 잘 모르며 타인에 대해서는 더더욱 알기 어렵다. 인생에서 가장 중요할 수 있는 이 사실을 결혼을 앞두고 정확히 인식해서 대처하는 사람이 얼마나 될까? 그리고 인생의 수많은 선택 중에서 결혼이 얼마나 중요한지 알고 있을까. 또한, 결혼해서 가정을 이루어 한 사람의 배우자로, 한 가정의 일원으로, 그리고 좋은 부모가 되기 위해 자신을 얼마나 잘 준비하여야 하는지 생각해 보는가? 태어나 2~30년 동안 사랑받을 줄 알고 사랑할 수 있는 사람으로 성장해야 비로소 누구나 꿈꾸는 아름다운 가정을 이룰 수 있다. 그러나 몇 명이나 이 사실에 주목하고 이를 위해 준비해서 결혼할까?

　사랑하는 사람과 교제하며 만나는 것과 서로의 모든 것을 공유하게 되는 결혼은 차이가 크다. 좋은 모습만 보일 수 없는, 즉 자신의 생각과 마음을 숨길 수 없는 환경에 두 사람이 들어서는 것이다. 불완전한 존재인 인간, 두 사람이 하나가 되는 것은 자신을 완전히 내려놓아야 가능하며 책임감, 친밀감, 신뢰 등의 중요한 필수 요소들이 있어야 가능하다. 본능에 이끌려 에로스적인 사랑에 집착한다면 일시적이고 순간적인 사랑은 얻을지 모르지만 오랜 신뢰와 평온한 안정감이 무르익는 사랑과 결혼은 결코 지켜지지 않을 것이다. 본능이 사랑의 시작을 가능하게 한다면 인격적인 사랑(필리아)은 관계를 유지되게 하는데 이것의 부재는 충돌을 유발하며 끝내 이별을 가져다줄 것이다. 결혼은 서로의 헌신적인 사랑을 요구하는데 어쩌면 우리는 헌신적인 사랑의 준비는 하지 않은 채 받을 것만을 꿈꾸며 살아가고 있지 않은가?

　인간은 태어나면서 모든 것을 처음 보고 경험하기 시작한다. 한 가정이라는 범위 안에서 살다가 타인을 알아가고 세상을 조금씩 알아간다. 존재 그 자체의 불완전함과 성장 환경의 불완전함까지 더해진 인간이 어떻게 완벽한 선택을 할 수 있단 말인가? 사랑은 입으로 외치는 것이 아니며 감정으로 느끼기만 하면 되는 것이 아니다. 사랑은 희생이 동반되며 배려와 인내, 그리고 이밖에 다른 여러 요소가 뒷받침되어야 한다. 온전한 사랑이 시작되고 유지되기 위해 가장 중요한 것은 서로의 마음에 사랑이 존재해야 하며 삶 속에서 실제적인 상호 작용이 필수이다. 한 사람만의 일방적인 헌신과 희생과 배려는 온전한 사랑이 될 수 없으며 그 관계가 사랑으로 유지되는 것은 불가능하다. 진정한 사랑을 할 수 있는 사람이 되도록 노력하고 참된 사랑을 찾는 것을 포기한다면, 사랑이 충만한 결혼은 주어지지 않을 것이다.

　사랑이 뭔지도 모른 채, 안다 해도 준비하지 못한 채, 그리고 사랑보다 중요하게 여겨진 여러 조건에서 결혼의 결말은 결국 이별이다. 사랑했다고 해도 서툰 사랑이었거나 오해와 오판의 선택이었다면 후회만이 남는 결혼이 된다.

사랑은 어디에 있는가?

이혼의 무게

　2020년 통계청 자료를 보면 21만 4,000천 건의 혼인신고가 발생했는데 이 중 11.8%가 재혼이며 10만 7,000천 건이 이혼 신고를 했다고 한다. 이 중 19.8%가 4년 이내로 이혼신고를 했다고 한다. 혼인 신고한 이들 중 재혼을 제외하고 보면 50%가 넘는 이들이 이혼을 한다. 그 중 20% 정도는 4년 안에 이혼을 하는 것인데 당연한 결과일 것이다. 앞서 우리는 결혼 대상자를 선택함에 있어 사랑의 비중이 생각보다 적다는 것을 확인했으며 스스로의 부족한 부분과 여러 이유로 자신과 행복한 가정을 만들어 갈 수 있는 알맞은 상대를 선택하는 것이 어렵다는 것을 알게 되었다. 그러다 보니 이혼율이 높은 것은 이해가 된다. 하지만 이해가 된다고 해서 이혼이 가지고 있는 그 무게감이 가벼워지는 것은 아니다. 인생에서 이혼이 우리에게 주는 충격의 무게는 상상 그 이상이다. 결혼은 두 사람의 결합이기도 하지만 두 집안의 결합이며 법적인 결합이기에 이것을 갈라놓는 일은 결코 간단할 수 없다. 더구나 자녀의 문제까지 더해져 이혼을 한다는 것은 너무나 어려운 일이다. 그렇기에 이혼하는 이들이 많아진다고 해서 이혼하는 것이 정당화되거나 쉽게 여겨져서는 안 될 것이다. 다만 결혼할 당시 결혼이 가져다줄 책임과 의무가 따르는 것들, 자신 스스로의 준비, 결혼 대상자의 몰이해와 무지로 잘못된 선택을 한 사람이 다시 인간답게 살기 위해 취해야 하는 최후의 보루라는 것을 명심해야 한다.

　그 누구도 쉽게 이행할 수 없는 이혼이지만 안타깝게도 결혼 한 사람들의 절반 그 이상이 하고 있으며 이혼한 사람보다 못한 결혼 생활을 유지하는 이들도 많다. 이혼한 이들에게 이혼이 주는 어려움이 많지만, 사회가 결혼의 책임을 다하지 못했다는 이유로 부여하는 편견의 무거운 짐을 짊어져야 한다.

　자, 다시 세기의 이혼으로 돌아가 보자. 국왕의 가족이 되어 세상의 집중 관심을 받고 있는 상황에서 이혼한다는 것이 어떤 것일까? 그 무게감은 감히 가늠조차 되지 않는다. 한 가정의 이혼이 아니라 국가에 크나큰 흠집을 내는 것이며 행복한 왕실을 기대하는 모든 사람에게 실망감을 안겨주는 것이다. 그리고 일반인으로 돌아가 평범한 삶을 기대할 수도 없다. 그녀가 짊어져야 할 대중의 비난과 우려는 한 개인이 감당할 수 있는 것인가. 사람은 죽어서 이름을 남긴다고 했는데 영국 왕실의 역사에 지워지지 않을 사건을 남기는 결단을 내린다는 것은 쉽게 내릴 수 있는 결정은 아니다. 그녀가 이혼을 결정하기까지 얼마나 많은 고민을 했을 것이며 어느 정도 힘들었을지, 그녀가 감당했어야 할 이혼이라는 무게는 우린 감히 상상조차 할 수 없을지도 모른다. 자신의 삶과 행복을 위해 이혼을 실행에 옮긴 그녀의 용기에는 진심으로 박수를 보낸다. 이 찬사는 그녀의 다른 연약하고 부족한 부분을 배제하고 결코 쉽지 않았을 결단에 국한된 것이다.

  이렇게 그녀의 이혼 결단에 초점을 맞춘 이유는, 이혼의 편견이 있는 사회에서는 남들 이목과 이것으로 받을 여러 가지 비난, 피해, 손해 때문에 견디고 참고 살아가는 경우가 많기 때문이다. 서로가 더 이상 신뢰하지 않으며 함께 살 수 없는 지경에 이르렀어도 이혼이 주는 불편함과 불이익이 크기 때문에 힘들고 어려워도 그냥 살아가게 한다. 남보다 못한 관계로 한집에서 살아가는 비극적인 생활을 할 수 없이 견딘다. 때론 경제적 독립이 어려워서 이혼을 포기하고 서로가 이미 원수가 되었어도 그냥 산다. 또 누군가는 자녀를 위해 개인의 행복과 안전은 후순위로 밀려나 결혼을 선택했다는 책임을 짊어지고 살아간다. 가정을 포기하지 못하는 이유 중 큰 비중을 차지하는 것이 바로 나의 선택으로 태어난 자녀 문제이다. 이 문제는 경제적인 상황과 더불어 이혼을 선택하기 힘들게 하는 중요한 요인이다. 생존의 본능 때문이든 사랑 때문이든 대부분 생명체는 목숨을 걸고 다음 세대를 지키며 보호한다. 인간 역시 모두는 아니며 대부분 다른 생명체와 동일하게 자녀를 위해 최선을 다한다. 의사소통 능력과 사고력 등 지능이 좀 더 뛰어난 인간이기에 이 본능적인 행동에 더 큰 의미와 감정을 부여한다. 이를 우린 부모의 사랑이라고 부르는가? 자녀 역시 그저 다른 생명체처럼 본능에서 나를 낳은 정도로 취급하고 주어진 자신의 삶에 집중하며 살아가지 못한다. 부모에게도 미우나 고우나 자식이며 자식 입장에서도 결코 쉽게 끊을 수 없는 천륜인 것이다. 그렇기에 함께 살 수 없는 여러 이유가 발생해도 이혼을 선택한다는 것이 결혼 전 이별을 선택하는 것과는 차원이 다른 문제가 된다. 인간의 삶을 돌아보라. 보고 싶은 사람을 만나고 가고 싶은 곳을 가며 좋아하는 것을 하는 것, 이것 말고 무엇이 있는가? 이것을 하지 못하게 막는 국가, 이념, 종교 등이 존재하면 자신이 원하는 것을 쟁취하기 위해 노력하는 삶을 사는 것이다. 그러니 매일 아침을 함께 하고 잠들 때 따뜻한 포옹을 자녀와 나누는 천하보다 소중한 일과를 포기하기란 쉽지 않은 것이다. 이혼을 선택해서 양육권을 가지더라도 경제적인 어려움 때문에 자녀를 포기하게 되기도 하지만 양육권을 빼앗길 경우 한 달에 몇 번 만나며 매번 이별의 고통을 겪고 매일 소리 없는 울음과 눈물로 하루하루를 보낼 것이다. 부모가 이혼과 자녀 양육 문제를 분리해서 고려한다면 자녀에게 그나마 최선일 텐데 이마저도 이루어지지 않는다. 이혼할 때 서로의 욕심이 앞서 자녀가 물건처럼 취급당하게 된다. 물론 부모로서 자녀를 사랑하는 마음이 앞서 양육권을 가지려는 마음은 충분히 이해가 된다. 하지만 누가 더 자녀를 정서적으로 안정감 있게 잘 양육할 수 있는지를 고려하기 보다는 재산 다툼처럼 자녀를 가지려는 욕심만 내세운다. 자녀의 행복과 양육 환경, 미래가 걱정되는 상황에 놓이면 이혼을 포기하게 된다. 인간은 어떤 환경에서 성장하느냐에 따라 전혀 다른 사람이 되기 때문에 이에 따르는 이혼 포기는 진한 부모의 책임감과 사랑이 필요하다. 어쩌면 타인과의 사랑과는 비교할 수 없는 혈육의 사랑과 분리되는 것은 가슴을 찢는 고통이다. 동일하게 자녀에게도 얼마나 큰 충격을 가져다주겠는가?

   그러니 결혼 후 둘 사이에 사랑이 소멸된 것 같다고 이혼을 쉽게 생각해서는 안 될 것이다. 아무리 힘들고 어려워도 결국 자신이 선택했으며 그 선택으로 태어난 자녀들의 문제는 신중하게 다루어져야 한다. 그렇기에 결혼보다 더욱 심사숙고해서 이혼을 결정해야 한다. 결혼할 때보다 책임져야 할 것들이 더 많아졌고 인생을 많이 경험했고 알게 된 만큼 성숙해졌을 것이기에 이혼이라는 결정을 하기까지 신중에 신중을 기해야 하는 것은 마땅한 일이다.

하지만 생명보다 소중한 것이 있을까? 심리적 스트레스는 사람을 병들게 하며 그 때문에 수명은 단축된다. 사사건건 의견충돌이 일어나 하루도 평온한 날이 없는 불화 속 가정에 사는 가족 구성원의 정신적 스트레스는 치명적이다. 둘 다 가해자이며 가족 모두가 피해자가 되는 가정, 그들의 행복과 사랑은 어디에서 보상받을 수 있을까? 매일 서로를 미워하고 증오하는 마음이 가득 담긴 잔소리, 비난과 자존감에 상처만 입히는 말들과 폭력이 난무하는 가정은 누구를 위해 지켜야 하는가? 이 마음은 결국 풍선효과처럼 자녀에게 폭발한다. 감정 쓰레기를 자녀에게 모두 쏟아버리고 그 심각성도 인지하지 못한 채 반복한다. 가정은 이미 안전과 평화가 깨져 가치를 상실해 버렸다. 사랑은 찾아보기 어려운 상황에서 양육과 집안일은 등한시하고 자신들만의 이기적인 삶을 사는 가정이 지켜져야 할까? 이 상태가 지속되면 가족 구성원 모두가 불행하게 될 것이다. 아무리 이혼이 간단한 문제가 아니며 쉽게 결정해서는 안 되는 일이라 하더라도 가정을 유지하는 것보다 이혼이 현명한 선택이라면 경제적 어려움과 자녀 문제가 발생한다고 하더라도 가족 구성원 모두를 위해 차선책을 선택하는 용기가 필요할 것이다. 사랑이 없는 가정은 이미 지옥이 아닐까.

가정을 포기하게 만드는 어려움의 기준은 개인의 주관적인 영역이기에 사람마다 다를 수는 있다. 고소공포증이 있는 사람은 2~3층 높이도 못 올라가고 고소공포증이 없는 사람은 높은 흔들다리 위에서도 자유롭게 거니는 것처럼, 누군가에게는 살 수 없는 이유가 누군가에게는 그 정도는 크게 문제가 되지 않을 수 있으니 이혼의 사유는 객관화할수 없다. 그러므로 어느 정도면 이혼하는 것이 옳다는 등의 이야기는 지양해야 한다. 그 기준은 각자의 가치관과 성격과 성품에서 비롯된 것이고 여기서는 한 개인의 존엄과 자유에 집중해 보고자 한다. 앞서 다이애나비가 전 세계인의 관심이 쏠리는 엄청난 압박감을 이겨내고 이혼이라는 결단을 실행한 것에 박수를 보냈던 것처럼 자유와 사랑이 없는 가정은 죽은 것이나 다름없다. 경제적인 이유와 여러 사정으로 이혼은 엄두도 내지 못하는 사람들은 오히려 '다들 이렇게 사는 거지.', '결혼

생활이 이렇지 뭐. 과욕을 부리지 말아야지.', '한 가지 좋은 점만 있으면 그걸 보고 사는 거야.'라는 말로 스스로를 합리화시키며 그냥 살아간다. 하지만 그렇게 자녀의 문제, 경제적 독립 등 여러 이유로 참고 견디다가 이혼이 가능한 시기가 오면 결국 이혼을 선택한다. 황혼이혼은 코로나 시대인 2020년에도 3만 9,671쌍, 거의 4만 쌍이 황혼이혼을 했다. 이 수치는 역대 최고 신기록을 경신했다. 이혼을 실행하지는 않았지만 이혼할 적정한 시기를 기다리는 가정이 많다는 것을 보여 주고 있는 것이다. 한평생을 함께 살아야 하는 선택의 순간에 사랑은 현명한 판단과 분별력, 탁월한 선택을 할 수 있게 돕기보다는 뒷일은 전혀 고려하지 않은 채 본능적 결합만 시키는 역할을 감당하는가? 사랑해서 결혼하는 사람들이 15%라니 이혼이 많은 이유를 멀리서 찾을 필요도 없어 보인다.

　우리가 주목해야 할 것은 이혼한 사유를 분석하고 이혼을 결정한 이유를 따지는 것이 아니라, 한 번의 선택이 인생에 얼마나 돌이킬 수 없는 상처를 남기는지에 대한 것이며 사랑은 도대체 무엇인지에 대해 고찰(考察)해 보는 것이다. 학교를 선택하고 직장을 선택하는 일도 인생에서 정말 중요하지만, 결혼과는 비교할 수 없으며 이혼을 선택했을 때 감내해야 고통은 엄청나다.

　사랑, 그토록 우리가 소원하는 바로 그 사랑을 우리는 다시 한 번 깊이 사유(思維)해 봐야 한다. 누가 결혼할 때 이혼할 수도 있다는 생각을 하겠는가. 누가 행복한 가정을 꿈꾸지 않았겠는가.

인생에서 가장 중요할 순간 사랑은 어디서 무얼 하고 있었고
인생에서 가장 아픈 이별을 하는 순간 사랑은 어디에 있는가?

아픔, 그 이상의 비극

　이별의 비극적인 결말도 참담하지만, 이혼의 비극적인 결말은 이별과는 비교할 수 없는 아픔을 남긴다. 이혼의 고통과 상처를 안다면 결혼 대상자를 선택할 때 훨씬 신중해질 것이다. 그 결과로 결혼이 줄어든다고 해도 이혼으로 가족 모두가 받을 상처와 사회가 감당해야 할 것들을 고려한다면 결혼은 충분하게 신중해도 되지 않을까 생각한다. 그러나 현실은 이혼의 심각성을 조금도 고려해 보지 못한 채 결혼을 진행한다. 게다가 사랑보다 환경과 다른 요소들에 더 큰 비중을 두고 결혼 상대를 선택한다. 그리고 가정을 더 이상 유지할 수 없다고 판단한 두 사람은 이성적이고 합리적이며 서로에게 배려 있는 이혼을 하는 경우는 드물다. 대부분은 이혼으로 엉켜버린 삶에 원망과 비난을 상대에게 모두 쏟아내고, 재산 다툼과 위자료 청구, 자녀 양육권 분쟁 등의 이유로 최악의 모습을 보인다. 서로가 몰랐던 부분이 만나면서 다름을 알게 되었지만, 그 다름은 미움으로 미움은 증오로 돌변하여 상대에게 잔인한 말을 퍼붓고 자신이 할 수 있는 역량을 총동원해서 상대를 공격한다. 그리고 감정적 대립뿐일까. 물리적 폭력과 폭력을 유발시키는 수동공격은 둘 사이를 극한으로 몰고 가 상대의 영혼을 파괴시키며 극단적인 상황을 만든다.
　상대에게 받은 배신감과 자신 스스로에게 실망감이 동반된 증오와 혐오는 날카로운 공격성으로 표현된다. 이 때문에 인생 전체를 송두리째 흔들어 놓는다. 인간의 욕망과 욕심은 생각보다 강해서 상대의 마음은 무시해 버리며, 오직 자신의 욕망을 채우기 위해 극단적인 선택까지 감행한다. 심리적 학대를 당하며 노예나 종처럼 사는 사람들, 이 심리적 학대는 지속적이고 꾸준하게 진행되어 피해자가 익숙해지는 과정을 통해 '학대'라고 인식하지도 못한 채 그들만의 삶의 방식이 되어 한 사람의 인생을 착취하는 형태의 가정이 된다. 심리적 학대를 받는 자신도 인식하지 못하니 그 누군가가 도움을 주기도 어려운 안타까운 결혼 생활이 이어진다. 그리고 가장 끔찍한 습관적 폭력에 노출된 사람들, 그 어떤 법과 제도도 신변 안전을 끝까지 책임져 주지 못하며 그 누구도 해결해 줄 수 없는 가정 내의 은밀한 일이기에 밝혀지기도 어렵고 도움을 받기도 힘들어서 그냥 참고 살아간다. 그런 삶에 익숙해지고 상대의 비위를 맞춰 가며 그렇게 살아가는 삶의 방식을 수용한다. 더 심한 경우 생명의 위협을 느끼며 목숨을 연명해야 하고, 실제로 살인으로까지 이어지는 일들이 발생하기도 한다. 대부분 피해자는 여성이지만 여성에게 물리적 폭력을 당하며 사는 남자도 21.3%나 된다고 한다. 이에 더해 자녀마저 범죄에 노출되는 사건들이 발생하니 비극이 아닐 수 있겠는가? 끔찍한 사건 사고 소식은 굳이 예를 들지 않더라도 지금 이 순간에도 세상을 놀라게 하는 일들이 우리에게 전해진다. 사생활이라는 커튼에 가려진 가족이라는 특별한 관계이기에 절체절명의 위기 상황에 처하더라도 그 누구의 도움도 받기 어려운 환경에 놓여 있다.

　아름다운 사랑을 꿈꾸며 결혼했는데 이렇게 참담한 삶을 살아야 하다니 이 얼마나 놀라운 일인가? 그렇다면 "왜 그런 상황을 참고 사는가?"라고 묻는다면 그만큼 이혼을 결정하는 일이 쉽지 않기 때문이다. 세상이 그토록이나 냉정하고 살아가기 어렵다. 의식주 해결이 얼마나 어려운지, 생명을 이어 가는 것이 얼마나 힘든지는 세상에 홀로 서 본 사람이라면 뼛속까지 이해할 것이다. 이혼도 능력이 있어야 한다는 말이 그런 현실을 정확히 말해주고 있다. 자본주의 시장에서 경제력은 곧 인권이고 생명일 수밖에 없으며, 실제로 경제력을 갖춘 사람만이 자신의 삶을 안전하게 지키고 스스로가 원하는 인생을 살아간다. 반면 그렇지 못한 약자 즉 물리적, 경제적 힘이 약한 이들은 큰 고통과 어려움을 감내하며 살아간다. 앞서 언급한, 이혼 능력이 없어 헤어지지도 못하고 살아가는 그들에게 그나마 현재의 그곳은, 최소한 굶주리지는 않으며 작은 몸을 두고 잘 곳이 있으니, 행복과 희망은 이미 사라진 가정이지만 생명을 유지하기 위해 선택을 하는 것이다. 이것이 사실 최선일 수 있으며 그렇게 자신을 위로하며 살아간다. 이혼한다고 해서 자신이 원하는 삶을 산다는 보장이 없고 더 힘겨운 삶을 살게 될 수도 있으니 그들에겐 선택의 여지가 없는 것이다. 그렇게 세월을 보내며 짧은 인생을 채워 간다.

그리고 결혼을 통해 자녀를 가졌다면 경제력보다 더 중요한 문제가 된다. 나의 선택으로 인해 태어난 아이들을 어떻게 할 것인가? 양육권을 놓고 다투고 때론 서로에게 양육을 떠넘기며 최악의 상황을 만들어낸다. 자녀들은 그런 상황을 고스란히 감내해야만 하고 자신들의 의견은 안중에도 없는 부모를 그저 바라볼 뿐이다. 자녀들이 받을 고통과 아픔을 무엇으로 보상할 수 있을까? 그리고 생이별을 경험하게 되는 부모의 마음은 그 어떤 표현으로 형용할 수 있을까? 그 아픔을 무엇으로 표현할 수 있을까?

아 사랑이여, 당신, 즉 사랑으로 시작된 두 사람이 안타까운 상황에 처해지는 것은 막아줄 수 없었는가? 당신은 어디에 무엇을 하고 있단 말인가? 가시를 가득 품고 있는 장미 같은 사랑이여, 꽃의 아름다움은 천사와 같으나 너무 쉽게 떨어지고 난 뒷모습이 보기 불편한 목련꽃 같은 사랑이여.

이토록 위험할 수도 있는 사랑 앞에 이성적 판단력이 마비되는 인간이 참 처량하다. 참된 사랑을 하지 못하는 것이 인간의 연약함과 부족함 때문이라고, 모든 책임을 인간에게 전가할 것인가? 그렇다면 인간이 초월적인 근원의 사랑을 무력화시킬 만큼 강력하다는 말인가? 참으로 사랑의 능력은 초라하다.

사랑의 검은 그림자 3 : 가깝고도 먼

화목한 가정, 누구나 꿈꾸며 이를 위해 애쓴다. 부모는 자녀끼리도 우애가 깊어 서로를 살뜰히 챙기며 살길 바란다. 늘 가족이 우선이고 인생을 살아가면서 가장 서로에게 힘이 되어 주는 이들이 가족이라고 말한다.
　세상에 태어나 가장 강력한 인연으로 연결되어 있는 것이 혈연, 즉 가족이다. 이 인연은 끊을 수 없고 부인할 수도 없다. 이 인연은 세상을 살아가는 힘을 주는 샘물이며 행복과 웃음, 감동을 선사한다. 그러나 모두에게 허락되는 것은 아니다. 가족이라는 인연으로 평생 커다란 바윗덩어리를 가슴에 안고 살아가는 사람들이 있다. 가족인데 원수보다 못한 관계로 살아가는 사람들, 쉽게 드러나지 않지만 남보다 못한 사이가 되어 각자의 삶을 살아간다. 가족이니까 더 이해해 주었으면 하는 기대감이 서로를 멀어지게 하며 편하기에 숨김없이 솔직하게 표현하는 말 때문에 서로에게 상처를 주기도 한다. 같은 부모를 두고 같은 환경에서 성장하지만, 전혀 다른 사람들이기에 성격, 가치관, 취미 등의 차이점을 가지고 함께 성장한다. 어린 시절에는 서로가 유일한 친구이며 서로 의지해야 할 필요가 있기에 생일을 챙겨 주고 함께 잘 어울린다. 그러나 시간이 지나면서 그런 모습은 언제 그랬는지도 모르게 사라지고 각자의 삶을 살아간다. 각자의 친구들과 어울리는 시간이 월등히 많아지면서 성격 등이 또 변화하고 달라져 가면서 함께 할 시간은 더욱 줄어든다. 성장하여 각자의 인생을 살아가면서 만날 일이 현격히 줄어들어 변해 가는 서로의 모습을 알지 못한 채 가끔 그것도 잠시 만난다.
　성장할 때 가족의 우애를 두고 부모의 무관심 속에서 성장하면 관계의 어둠은 더욱 깊어진다. 각자의 삶을 살아가게 되면서 친구, 선배, 후배, 종교 공동체, 경제 공동체, 교사가 가족보다 소중해지고 이로부터 받는 영향력은 엄청나다. 이들의 영향력은 화목한 가정마저 파괴시킬 만큼 강력하게 작용한다. 상호 간의 개인적인 특성 차이로 관계가 악화되기도 하지만 가장 큰 문제 몇 가지를 들여다보면 첫째, 이념과 신념, 믿음의 분열이다. 가족을 사랑하기에, 가족을 위해 자신이 맹신하게 된 이념과 신념, 믿음을 전하지만 그 선택은 결코 합리적이며 이성적일 수 없는 나약한 인간인 자신의 판단력일 뿐이다. 어떤 이유에서였든지 비판적 사고력은 마비 증상을 일으켜 물불을 가리지 않고 자신이 맹신하는 것은 세뇌하려고 힘쓴다. 급기야 가족마저 외면하는 치명적인 결단을 내리기도 한다. 이념과 사상, 종교 집단은 수십, 수백만 명에 이르는 사람이 돌이킬 수 없는 강을 건너도록 하며 그 어떤 책임도 지지 않는다. 그들이 겪는 고통을 어찌 글로, 말로 다할 수 있을까? 누군가의 조언 한 마디, 아니 백, 천 마디 말로도 꿈쩍하지 않을 그들에게 무슨 말을 하겠는가? 자신이 옳다고 주장하고 자신의 이념과 신념, 믿음이 진리라고 확신하여 맹목적인 충성심을 보이는 그들에게 어떤 말이 통하겠는가. 다른 사람의 인생을 송두리째 뽑아 가려고 자신의 모든 열정을 쏟아 끌어들이는 이들도 눈물겹게 안타깝고, 그런 사람들을 만나 그들의 조직력과 유혹에 넘어간 이들은 더 안타깝다. 이 때문에 가정이 찢기는 고통을 받은 이들, 직접 경험해 보지 못하면 상상하기 어려울 것이다. 이 아픔을 겪는 가정의 가족은 배신감과 분노가 뒤섞인 슬픔으로 서로 생사도 확인하지 못한 채 살아가기도 한다.

두 번째로 부모의 노후 문제는 자녀의 관계를 뒤흔들어 버린다. 때마침 부모가 점점 건강을 잃어간다면 심각한 상황에 빠진다. 각자의 삶에 커다란 과제가 갑자기 추가되는 상황은 개인이 해결할 수 없다. 그런 과제가 여러 상황이 얽혀 있는 자녀에게 동시에 주어지면 원만하게 잘 해결한다는 것이 쉽지 않다. 부모에게 애정도 다르고 표현 방식도 다르며 가치관까지 달라져 있으니 모두가 만족하는 합의점을 찾기란 어쩌면 불가능할 수도 있다. 부모의 노후 문제로 심각한 충돌이 발생한 자녀는 부모의 마지막 장례식장에서도 불화를 일으킨다. 물보다 진한 것이 피, 즉 가족의 인연이라는 말이 무색해진다.

세 번째는 경제적인 문제이다. 부모의 재산 역시 자녀끼리 등을 돌리게 하는데 큰 요소가 된다. 성격 차이, 성장 과정에서의 문제, 부모 부양, 재산 문제 등 가족을 파괴시키는 지뢰들이 곳곳에서 도사리고 있다. 경제적인 문제는 가장 민감한 부분이 된다. 부모가 재산이 있다면 생전에 충분한 대화를 통해 분할을 미리 잘해 둬야 한다. 그렇지 않으면 가장 치열한 분쟁이 발생하며 가족이 아니라 원수가 되게 만든다. 밤사이 형은 아우 생각에, 아우는 형 생각에 곡식을 서로의 창고로 옮겨 놓은 이야기는 모두가 알고 있지만 이런 가족이 얼마나 될까? 부모의 재산을 놓고 다투며 서로 빌리고 빌려준 돈 때문에 의절하는 이들….

끝으로 성장 시기를 돈독하게 보내도 성인이 되어 서로 가는 길이 달라지고 교류가 적어지면 관계가 소원해진다. 직업, 경제력, 삶의 스타일 등이 다른데다가 소통이 끊어지면 서로를 이해하고 배려하는 마음이 줄어들고 급기야 남보다 못한 관계가 되도록 밀어낸다. 예를 들어 누구나 원하는 직업을 가진 한 사람과 취업에 자꾸 실패하는 한 사람이 있다고 하자. 좋은 직업을 사람은 항상 마음 한구석에 짐을 안고 살아가고 취업에 실패하는 사람은 자존감을 잃어 연락하기를 꺼리게 된다. 결혼의 유무 역시 서로의 관계를 소홀하게 만든다. 서로 비슷한 연령대의 자녀를 두고 살아간다면 소통도 잘 될 것이며 소통해야 할 일들도 많아 관계가 좋아질 수밖에 없을 것이다. 자녀끼리도 함께 어울리며 성장하니 플러스 요인이 많다. 그러나 미혼으로 살아간다면 서로를 배려하려는 마음조차 오해를 불러일으켜 점차 멀어지게 하는 요인으로 작용할 것이다. 그리고 언급하기 조심스럽지만, 규칙과 규범, 법을 지키지 않아서 그에 상응한 조치를 받고 있는 가족을 두고 있다면 어떻겠는가? 법의 조치를 받고 있지 않더라도 규칙과 규범을 어긴 불법적인 일을 하고 있는 가족을 두었다면? 그 사실이 나의 직장, 나의 꿈, 나의 일상을 비수처럼 파고들어 아픔을 준다면 어떻겠는가? 세상이 등을 돌려도 가족은 품어야 하는가? 범죄를 저질러도 숨겨야 하는 가족, 실제로 가정 내에서 벌어지는 범죄는 대부분 드러나지 않고 있다. 가장 안전하고 행복의 원천이 되어야 할 가정이 당장 벗어나고 싶고 벗어나야 하는 곳이 된다면 우린 그 안에서 사랑을 논할 수 있겠는가?

마크 저커버그는 인간이 결국 연결되고 싶어 한다는 본능을 활용해서 페이스북을 창업했다. 우린 정말 모르던 그 어떤 사람과의 연결도 반가워하며 그리워하고 찾는다. 그런데 한 부모에서 태어나 함께 자란 형제, 자매, 남매가 서로 밀어내고 미워하고 원수 그 이상이 되어 살아간다는 것은 차마 상상조차 하고 싶지 않은 비극이 아닐까?

  형편이 어떤지 누구보다 서로를 잘 아는 형제, 자매, 남매가 아니겠는가. 서로의 소소한 일들까지 챙겨 주고 함께 여행 가고 서로의 아픔을 위로하고 세상에 둘도 없는 동반자가 되어 준다면 더 바랄 것이 무엇이겠는가.

사랑, 어디에 있는가?

검은 그림자 4 : 신념, 신앙과의 사랑

Episode 1.

"그런 곳에 왜 가?"
"아무것도 모르면서 그렇게 말하지마."
"앞으로 절대 가지마!"
"내 마음대로 할거야."

거실에서 소란이 벌어진다. 엄마는 딸의 팔을 붙잡고 울고 있고 아빠는 화가 나셔서 큰 소리를 치신다. 지성은 여동생을 타이른다. 그러나 동생은 꿈쩍도 하지 않고 자신의 확고한 믿음대로 짐을 들고 집을 나선다.

얼마 전 여동생이 오랜만에 선배에게 식사 한 번 하자고 연락이 왔다고 했다. 그 선배는 가족들과 함께 만난 적이 있던 사람이었다. 그리 좋은 기억을 가지지 않은 터라 오빠인 지성은 여동생을 말리고 싶었지만 식사 한 번 하는 데 무슨 일이 있을까 싶어 극구 말리지는 않았다. 그 이후 여동생은 그 선배 집에서 며칠 머물다 가겠다고 연락이 왔다. 그때부터 느낌이 좋지 않았다. 며칠 머물다가 온다고 한 동생은 한 달, 두 달이 되어도 돌아오지 않았고 경찰에 실종신고를 고민할 만큼 사태는 심각하게 돌아갔다. 그 선배의 연락처를 아는 사람이 없었고 다른 친구들에게 수소문 한 결과 동생의 거처를 알게 되었다. 그곳은 사회적으로 심각한 문제가 되었던 종교단체였다. 그 종교단체는 전국 대학가를 휩쓸며 수많은 학생들을 신자로 만들었다. 아빠와 엄마는 그곳을 찾아가 동생을 데리고 왔다. 아니 잡아왔다. 동생과 같은 학생들이 많아 TV 프로그램에서도 긴급보도를 할 정도였다. 그 종교에서 탈출해서 나온 사람들에 의해 세상에 알려지기 시작했고 그들의 증언을 통해 실체가 드러나기 시작했다. 그 종교지도자는 자신이 신의 아들, 신이라고 주장하며 수많은 사람들을 끌어들였고 사람들이 많아지면서 종교단체는 크게 성장하였다. 그러나 그를 따르는 수많은 사람들은 생업을 포기하고 종교생활에 매진해 노동력을 제공하였고 가족마저 버리고 종교생활에 참여하게 하여 수없이 많은 가족들이 불행의 고통에 빠졌다. 지성이의 가정 역시 그러했다. 여동생은 그렇게 가족들의 만류도 뿌리치고 그 종교단체의 합숙소로 들어가 생활하게 되었고 눈물로 딸을 찾으려는 가족들의 노력은 그녀를 돌아오게 하는 데에는 역부족이었다.

그렇게 한 가족이 서로에 대한 원망과 미움으로 신뢰를 잃은 채 슬픔만을 간직하며 20 여 년이라는 시간이 흘렀다. 종교단체에 대한 미움과 원망도 있었지만 가족보다 종교단체를 선택한 여동생에 대한 문제가 더 큰 과제로 남겨졌다. 아직도 여동생은 그들과 함께 살아간다. 어쩌면 오랜 시간동안 종교단체에서 만나 함께 살아온 이들을 제외하면 그 어떤 인간관계가 없기에 그들끼리 더욱 더 강하게 의지하며 살아가고 있는지도 모른다. 오늘도 부모님은 가슴으로 뜨거운 눈물을 흘린다.

Episode 2.

　평온한 아침 승희는 발걸음이 가볍다. 할머니의 생일 선물을 사러 시장에 가는 길이다. 따뜻한 목걸이와 장갑을 해드릴 생각을 하니 절로 기분이 좋아진다. 승희를 홀로 키워주신 할머니는 엄마 그 이상의 존재였다. 승희는 시장에서 만나는 반가운 분들과 다정하게 인사를 나누며 목적지로 간다.
　목적지에 거의 도착했을 때 갑자기 범상치 않은 눈매를 가진 여자가 승희의 손을 조금 강하게 잡으며 불러 세운다. 승희는 살짝 놀라 울찔했다. 그 여자는 승희가 마음이 여리고 착하다는 것을 간파라도 한 듯 다짜고짜 자신과 잠시 얘기를 나누자며 데리고 간다. 이런 경우가 처음인 승희는 어떻게 대처해야 할지 몰라 우물쭈물 하는 사이 이미 몸은 그녀가 원하는 장소에 가 있었다.
　그녀는 숨 돌릴 틈도 주지 않고 집에 좋지 못한 일이 생길 것 같다며 불안을 조장한다. 그녀의 강한 눈빛과 어조에 주눅이 든 승희는 그 누구의 도움도 받을 수 없는 상황에 놓였다. 자신의 강압적인 태도에 승희가 위축되었다는 것을 이미 파악한 그녀는 이제 태연하게 승희에게 겁을 준다. 승희의 가족 사항 등을 캐물어 알게 된 후 할머니를 거론한다. 할머니의 건강과 생명을 지키려면 제사를 올려야 하는데 결국 큰 액수의 돈이 든다는 것이다. 승희는 할머니 이야기에 마음이 약해져 그런 돈이 없는데 어떻게 해야 하냐고 묻자 자신이 모시는 신을 위해 일을 하면 된다고 하였다. 승희는 그녀의 주장대로 정말 할머니가 위험해 지실까봐 걱정이 되었다. 사랑하는 할머니가 위험해질 수 있다는 말에 판단력은 흐려졌고 승희는 그녀가 원하는 방향으로 끌려가게 되었다.

　시간이 흘러 승희는 그녀가 모시는 신을 위해 일하는 사람이 되어 버렸고 할머니께 사드리려고 한 목걸이와 장갑은 아직 승희의 마음속에 남아 있다.

할머니는 영문도 모른 채 오늘도 승희가 돌아오기를 하염없이 기다린다.

1) 인간은 불완전한 존재인가?

 인간은 지구가 태양을 80~100바퀴 도는 동안 세상을 경험한다. 인간의 수명 연장은 진행형이라 130~150년이 평균 수명이 되는 날이 오고 있다고 하지만 아직은 아니다. 그런 인간이 주어진 시간 동안 무한한 상상력으로 가능한 범위 그 이상을 경험하기도 하지만 대부분 지구의 일부분만을 경험해 볼 뿐이다. 호모 사피엔스를 인류의 조상으로 봤을 때 약 5만 년 전부터 지금까지 1,070억 명이 지구에 태어났다.(BBC) 이들 중 대부분은 자신이 태어난 지역 그 이상을 경험해 보지 못했다. 운송 수단의 발전으로 근래에 와서야 세계의 다양한 곳을 여러 방법으로 경험하고 있는 것이다. 그리고 국가, 지역, 부모 그 어떤 것에 선택의 여지도 없이 생명이 주어진다. 또 인간에게는 시대의 선택권도 주어지지 않는다. 태어났더니 전쟁의 소용돌이에 휩싸일 수도 있고 자연재해, 각종 전염병의 대유행, 정치적 혼란, 경제적 위기 등 지옥과 같은 상황에 노출되어 태어난 것을 원망하는 삶을 살기도 한다. 이와 같은 시대적 어려움 외에도 개인적인 장애를 안고 태어나거나 불치병을 안고 태어나는 사람들, 지적 능력으로 사람의 권리와 권한을 나누는 사회 시스템에서 승자가 될 수 없는 사람들은 고통 속에서 삶의 의욕마저 상실해 버린다. 사회의 각종 차별과 불평등, 불합리한 부분 속에서 끊임없이 경쟁해서 살아남아야 하는 치열한 세상에 홀로 서 있는 사람들의 마음은 두려움과 걱정, 외로움과 슬픔으로 가득하다. 이런 상황에서 미래는 전혀 알 수 없는 베일에 가려져 있고 과거는 기억에서 사라져 간다. 현재는 느낄 겨를도 없이 과거가 되고 세월은 속절없이 빠르게 흐른다. 그 가운데 아무도 관심 가져주지 않는 외로움은 삶마저 포기하게 한다. 아! 갸륵한 인생이여, 오직 혼자임을 명확하게 확인하는 것이 인생이라 했는가.

 사는 동안에 어려움과 고난도 있지만 가장 인간이 두려워하는 것은 소멸, 즉 죽음이다. 왜 존재하게 되었고 현재 존재하는 모든 것들의 존재 이유를 모르지만 이미 존재하게 된 이상 자신이나 자아가 사라진다는 것은 상상하기도 어렵고 가장 피하고 싶다. 왜냐하면 나의 소멸은 모든 것의 소멸을 뜻하기 때문이다. 사랑하게 된 모든 것, 아름다움, 역사 이 모든 것과의 이별보다 더 인간을 슬프게 만드는 것이 있을까? 사실 우리 인간은 소멸을 이해할 수 없는 존재인지도 모른다. 이미 존재해 버린 상태로는 사라짐, 무(無)의 상태를 온전히 이해하기 어렵다. 내가 존재하지 않는 우주, 시간을 우린 어떻게 받아들여야 한단 말인가. 이에 두려움, 공포, 억울함과 아쉬움 때문에 인간은 영원을 꿈꾼다. 수십, 수백억 년의 행성들도 소멸이 있고 우리가 속한 우주조차도 마지막이 있을 수 있는데, 태양을 100바퀴도 채 돌아보지 못하고 사라질 수 있는 인간, 먼지보다 작은 인간이 영원을 꿈꾼다.

  인간은 지구 내 생명체 중에서는 유일하게 문명을 일으키고 자연을 극복하며 차별화된 지능으로 우월한 존재의 위치에 있는 것 같지만, 자신이 누구인지도 모르며 세상에도 무지한 존재이다. 끝을 알 수조차 없는 우주 속에서 스스로 빛을 내는 항성 중 크지 않은 태양(현재까지 발견된 항성 중 스티븐슨 2-18은 태양의 2,000배가 넘는다)의 주위를 도는 티끌만 한 행성에서 일생을 보내는 인간이 무엇을 안다고 하겠는가? 이토록 연약한 인간은 존재하는 모든 것을 설명하기 위해 각종 신을 창조해 왔다. 우리에게 주어진 것들이 어디서 기원했으며 이 모든 것이 왜 생겨났는지의 궁금증을 주어진 환경 안에서 찾아야 했다. 삶의 시스템의 근원, 즉 세상의 모든 것은 태어나고 죽으며 생성되고 소멸한다. 이를 근거로 답을 찾아야 했기에 신의 창조는 필연적이고 최선이었다. 누군가 혹은 무엇인가에서 모든 것이 시작되었을 것이라는 생각은 합리적이고 이성적인 생각으로 충분히 이해가 된다. 현재 존재하는 수많은 종교 중 해답이 있는지 알 수 없지만, 우주의 근원의 해답을 찾아가는 길 위에서 다양한 생각들이 나왔고 인간이 이해되고 납득할 수 있으며 원하는 방향으로 발전해 나간다.

  예를 들어 스스로 깨달음을 얻어 신이 될 수 있다는 것은 인간에게 얼마나 큰 희망을 주는가? 신의 자비와 은혜로 신과 함께 영원히 살 수 있다는 교리에 인간이 무엇을 더 바랄 것이 있겠는가? 자신이 살면서 사랑하게 된 모든 것과 영원히 함께 할 수 있다는 바람은 반드시 이루어지길 희망하는 꿈이 아닌가? 세상의 모든 종교 중 단 하나의 종교가 사실이며 진리인지, 모든 종교가 하나의 사실과 진리에서 귀결되는지 알 수 없지만, 그렇게 종교는 인간의 희망 사항을 꿈꾸게 해 주고 이로써 살아가는 동안 기대와 행복을 얻을 수 있게 해 준다. 생각보다 살아가기 힘들고 어려운 일들로 가득한 세상에서 인간이 외면하기 쉽지 않은 것이 종교이다. 이러다 보니 인간은 죄인이며 세상은 형벌을 받는 곳이라는 생각을 하는 것이 자연스럽다.

　인생은 희로애락이 공존한다고 하지만 인류 역사를 놓고 보면 아픔과 슬픔, 고통이 월등히 많아 보인다. 생존을 위협하는 수많은 환경 속에 참으로 연약한 인간은 어떻게 탄생되었으며 왜 존재하게 되었는가?

2) 종교에 대한 소고

 현재 전 세계 77억 중 2/3 이상(79%) 62억 명 정도가 종교를 가지고 있다. 그중 기독교(가톨릭, 정교회, 개신교의 수많은 교파 등) 23억 명, 이슬람교 19억 명, 힌두교 11억 명, 불교 5억 명, 각 지역의 토착 신앙 4억 명 정도라고 한다. 이들 중 자신의 종교에 관심도 적고 제대로 알지도 못하며 단지 그 지역에서 태어나 살고 있기에 포함된 사람들도 있다. 그리고 해당 종교에서 원하는 종교 생활에도 소홀한 사람들, 즉 무늬만 종교를 가진 사람들을 제외시킨다고 하더라도 엄청난 숫자임에는 틀림없다. 이것이 신을 향하는 인간의 본능이라고 말하며 신이 존재하는 증거로 해석하기도 하고 인간의 생존 본능과 연약함이 가져다준 결과로 설명하기도 한다.

 수많은 사람이 종교와 신앙을 가지고 있는 이유는 차치해 두고 종교와 사랑의 관계를 돌아보기 위해 종교의 역사를 간략하게 살펴보자. 인류 역사의 시작은 아직은 안개 속에 가려져 있다. 짧게는 1~2만 년부터 길게는 수백만 년까지 보고 있으며 7~600만 년 전 사헬란트로푸스 차덴시스가 유인원에서 인간이 되는 첫 발걸음을 시작했다고 추정하고 있다. 이후 인류의 두개골 화석을 통해 연구는 지속되었고 인류의 여러 형태를 발견했다. 그리고 지질학은 각종 화석의 연대를 예측할 수 있게 도와줬으며, 유전자 정보 분석인 분자시계를 통해 화석의 생존 시기를 더욱 정밀하게 알 수 있게 되었다. 이를 토대로 인류의 초기를 잠시 돌아보면 지구의 환경이 달라져 초원지대가 형성되면서 오스트랄로피테쿠스 아파렌시스(390~290만 년 전)가 등장하였다. 이 중 아에티오피쿠스와 가르히는 초원 생활에 더욱 잘 적응한 인류로 살아남았다. 이후 호모 에렉투스, 하이델베르겐시스, 네안데르탈렌시스의 두개골이 발견되었고, 하이델베르겐시스는 이후 호모 사피엔스로 진화했다고 판단하고 있다. 호모 사피엔스의 뇌의 크기는 작았지만, 전두엽이 활성화되어 추론, 추상력이 강화되었고 호모 사피엔스와 접하게 된 다른 종들은 모두 사라지고 만다. 이때부터 동굴 벽화가 그려지기 시작해 이들은 1만 년 전 농경을 시작했고 점차 집단화되어 왔다. 그래서 6,000년 전 거대 도시가 탄생하였으며 이 시기와 맞물려 통치, 정치와 종교가 활발하게 성장하기 시작했다.

여러 신기한 경험을 한 사람들, 기이한 사람들은 관심의 대상이 되었고 탁월한 이들이 대중에게 큰 영향력을 행사했다. 죽음을 애도하는 인간의 특성에 또 하나의 특별한 능력, 즉 추상력이 더해져 사후 세계를 상상하기 시작했다. 페르시아에서 시작된 조로아스터교는 현재 대부분 종교의 뿌리로 여겨지고 있다. 유일신 개념, 선과 악으로 양분한 이원론적 세계관을 처음으로 설파하였다. 조로아스터는 12년간 자신의 주장을 펼쳤으나 왕에게도 거절당하고 사람들도 외면했다. 하지만 사회적 규모가 커질수록 집단을 통제할 방안이 필요했고 통치자들은 다신교보다 유일신 신앙이 월등히 효율적인 것을 인식하고 조로아스터교를 수용하였다. 지식과 힘을 가진 자들이 절대적 권력을 차지하였으며 종교는 아주 중요한 역할을 감당할 수 있는 좋은 도구로 급부상하였다. 통치자는 신화와 종교의 힘을 빌려 자신들을 신격화하여 사람들을 복종시키는 수단으로 삼았으며 그 효과는 그 어떠한 법보다 강력했다. 당시 사람들의 교육 수준과 지식수준을 고려했을 때 맹목적인 추종은 당연한 결과였다.

이렇게 인류는 종교와 함께 문명을 이룩해 왔다. 인류의 역사에 중요한 역할을 감당한 각 종교의 역사는 지역과 문화, 국가의 특성에 따라 탄생과 소멸, 번성의 과정을 겪었다. 여기서 모든 종교 역사를 언급할 수 없으나 대략 이렇게 시작되었다.

고대의 철학자들과 사상가들은 인간의 존재, 사후 세계, 자연에 의문을 가지고 깊이 고민하였다. 지금도 여전히 동일하지만 우리가 누구이며 왜 존재하는지 얼마나 궁금한가? 인간의 근원적인 질문에 해답을 찾기 위해 노력하는 것은 본능이다. 이 본능은 인류의 역사와 함께 했겠지만 최초의 자료가 남아 있고 체계적이고 논리적으로 세상을 이해하려는 시도는 기원전 600년 경 이오니아 지방(터키)의 밀레투스를 중심으로 활동했던 자연 철학자들에 의해 시도되었다고 보고 있다. 탈레스, 아낙시만드로스, 아낙시메네스, 아낙사고라스 등이 당시 활동했던 대표적 학자였다. 이후 그리스, 로마 시대 때에 이르러 로마 패권 전쟁을 승리로 이끌어 주기도 했고 정치적으로 활용하기 좋았던 유일신 신앙-기독교가 로마의 국교로 지정되었다. 이후 로마가 영향력을 행사한 유럽 전체를 기독교화하면서 철학자들은 기독교의 영향 아래 학습하고 연구하고 숙고하였다. 신을 찬양하는 데 모든 예술과 사상이 집중되었고 그 틀에 갇히고 말았다. 신은 완전하며 인간은 죄인, 신은 영원불멸하며 인간은 소멸한다. 전지전능한 신과 무기력한 인간을 양극단에 세워 놓고 인간을 신 아래에 굴복시키고 종속시켰다. 그 혜택을 종교와 국가가 누렸다. 그리고 중세 시대까지 사상가, 철학자들은 기독교 신앙을 바탕에 두고 있었기 때문에 최종적으로는 결국 신으로 귀결되었다. 조금만 다른 생각을 주장하면 바로 신성 모독죄로 재판을 받았으며 이단으로 몰려 처형당하거나 추방당했다.

  그렇게 기독교의 대변인 역할만을 담당하던 철학자들 시대의 발전에 따라 조금씩 변화하기 시작했다. 과학의 발전으로 세상과 우주에 조금씩 눈을 떴고 종교를 이용해서 권력을 차지하고 엄청난 부를 축적한 종교 집단에 맞서기 시작했다. 오직 신을 위해 살았고, 살아야 했던 인간이 인간 스스로에게 집중하며 인본주의 시대의 문을 열었다. 사회의 변화와 과학의 발전은 개인의 삶과 생각에 자유를 안겨 주었고 신의 존재, 영역, 역할 등에 의문이 제기되기 시작했다. 그들의 글과 의견이 활발하게 전해지고 연구할 수 있는 환경이 조성된 후로는 상황이 많이 달라졌다. 발전하는 과학 기술은 종교에서 주장하는 허구와 허상들을 벗겨 왔고, 개인은 신앙의 결정권과 주도권을 국가와 종교 집단에서 되찾기 시작했다. 강요와 탄압에서 벗어나 종교의 자유의 시대가 열리고 종교 집단과 핵심 지도자들이 자신의 권한과 이익을 위해 만들어 놓은 교리, 예를 들어 무오류성 같은 것에 비판과 절대적 권한에 저항이 일어나기 시작했다.

  창조론을 절대적 진리로 믿고 모든 이들에게 교육시켰던 중세 시대, 드디어 인간의 호기심과 사고력에 의한 우주의 관찰에서 주장을 넘어 검증이 뒤따른 결과들이 나오기 시작했다. 바로 지구가 태양을 도는 하나의 행성일 뿐이라는 지동설의 등장이었다. 이것은 현재의 시대에서 보면 하나의 사건 정도로 생각되겠지만 당시에는 엄청나게 심각한 문제였다. 성경은 신의 절대적인 계시이며 모든 성경은 신의 말씀이었기에 그 어떤 오류도 발생할 수 없는 완전한 것이었다. 그 성경에 천지창조는 인간을 위해 이루어졌고 우주의 중심이 지구이며 인간이어야 했다. 그런 지구와 인간이 한 낱 행성에 불과하다는 사실은 도저히 받아들일 수 없는 주장이었다. 게다가 이것을 수용한다면 성경의 절대적 권위, 기독교의 존폐가 걸린 심각한 문제로 인식되었으며 신앙의 뿌리까지 흔들 수 있는 위험한 사실이자 주장이었다. 기독교는 즉각 갈릴레오 갈릴레이를 법정에 세워 심판하였고 교황청에서는 그의 책 "프톨레마이오스와 코페르니쿠스의 2대 세계체계에 관한 대화"는 금서로 지정하여 모든 책을 불태웠다. 그리고 갈릴레이를 이단 행위 및 신성모독죄로 화형이라는 끔찍한 처벌을 내리려 하였다. 인간이 신을 지켜야 하는 상황이었는가? 종교인들은 무엇을 지키기 위해 그랬으며 무엇이 그토록 두려웠던 것일까? 이와 같이 인간의 무지함이 만들어낸 종교의 신비는 폭넓은 학문의 발전을 통해 조금씩 껍질이 벗겨졌다.

근대철학의 시대에 들어서는 신 존재 증명의 사상적 논리 구조에 맞춰 데카르트, 스피노자, 라이프니츠, 볼프, 칸트, 피히테가 활동하였고, 독일 관념론을 완성한 폰 셰링은 '초월적 관념론의 체계(System of Transcendental Idealism)'에 자연의 생성 과정 속에서 정신이 완성되어 가고 관념과 정신은 신에게서 나오며 인간의 여정은 신에게서 떨어져 나왔다가 다시 회귀한다고 정의하며 여전히 신의 영향 아래 있었다. 수학자, 물리학자이자 철학자, 근대철학의 아버지라 불리는 데카르트는 오직 나의 존재만이 의심할 수 없으며 나는 나에게서 기인하지 않았기에 나를 존재케 한 신은 반드시 존재한다고 하였다. 또한 내가 생각하는 존재이므로 신 또한 생각하는 존재여야 하며 인간들은 신의 관념이 태어날 때부터 있기에 신은 반드시 존재한다고 하였다. 그렇지만 결국 모든 것, 수학과 기만적인 신마저 의심의 대상으로 삼아야 한다고 하였다. 조금씩 인간이 전통의 절대적인 신의 틀을 깨고 나오고 있었다. 뉴턴 물리학의 영향을 받은 칸트는 인간의 권리와 법 앞의 평등, 세계 시민권과 지상의 평화, 그리고 무엇보다도 지식을 통한 인간 해방을 주장한 시대의 스승이었다. 그는 '순수이성비판'에서 인간의 이성은 자신이 거부할 수도 없고, 그렇다고 해서 대답할 수도 없는 문제로 괴로워하는 운명이다. 거부할 수 없음은 문제가 이성 자체의 본성에서 이성에 부여되어 있기 때문이며, 대답할 수 없음은 그 문제가 이성의 능력 바깥에 있기 때문이라고 하였다. 그렇다. 이성의 능력은 절대적 한계에 갇혀 있기에 스스로는 대답할 수 없는 문제를 끈질기게 던진다. 예컨대 전통적인 형이상학적 질문인 신(神)의 존재, 영혼의 존재 여부는 경험을 통해 알 수 없기에, 칸트의 비판 철학에 따른다면 학문의 주제나 지식의 대상이 결코 될 수 없다고 생각하였다. 학문과 지식의 영역에서 신과 영혼의 문제를 추방해버린 칸트는 이제 더 이상 신을 두고 인간들의 불필요한 논쟁과 다툼은 종식되어야 함을 주장한 것처럼 보인다. 칸트에게 신은 삶의 희망과 행복의 영역과 선한 삶을 위해 '요청되는 신'이다. 악한 사람이 건강과 권력, 부를 향유하며 행복하게 살고 선한 사람이 고통 속에 살아가는 모습은 시대를 막론하고 경험하는 흔한 일이었는지 칸트 역시 이에 고민을 하였으며 그런 세상에서 우리는 왜 도덕적 행위를 통해 최고선의 이념을 추구해야 하는지의 답에서 신을 거론한다. 도덕적으로 사는 사람은 선하게 통치하는 신의 존재와 내세의 삶을 희망할 수 있기 때문이라고 말이다. 절대적 신, 굴복과 복종과 순종만이 인간의 본분이었고 종교 지도자가 왕 위에 군림했던 시대는 서서히 저물고 있었다.

19세기 니체 또한 언급하지 않을 수 없는 인물이다. 그는 자신의 자서전에서 "만약 내가 순수하던 유년기에 온갖 기독교의 감언이설에 몰입되지 않았다면 내가 그토록 필사적으로 기독교를 증오하게 되었을지 궁금하다."라고 하였다. "신은 죽었다. 우리는 스스로가 초인(모든 것을 할 수 있는)이 되길 소망해야 한다."라는 유명한 말을 남기면서 신에 의지한 나약한 인간을 거부해야 한다고 주장하였다. 또한 신은 인간을 선하게 창조하지 못했는데 인간은 선을 창조했다. 인간이 창조한 것이 어찌 선할 수 있는지 되물었다. 자신의 이런 주장에 기독교에서는 엄청난 비판을 할 것을 예상했지만, 반기독교에 공포와 두려움으로 비겁한 지식인의 가면을 쓰고 무덤에 들어갈 수 없다고 하였다. 루트비히 안드레아스 폰 포이어바흐도 '기독교의 본질(The Essence of Christianity)'에서 종교를 강력하게 비판하였다. 신이란 인류의 욕구가 만들어 낸 존재이며 인류의 욕구에서 지속될 것이라고 하였다. 그리고 인간과 영혼의 부활을 부정했으며 인간성 또한 영원한 특수성이 아니라 모든 동물 속에서 독특한 특성을 지닌 것이라고 주장하였다.

이후 찰스 다윈이 전 세계에 엄청난 족적을 남긴다. 그가 쓴 '종의 기원(On the origin of species by means of Natual)', '인간의 유래(The Descent of Man)'는 기독교를 뒤흔들었으며 '만들어진 신(The God Gelusion)'에서는 무신론을 옹호하면서 기적의 믿음은 과학과 양립할 수 없다고 주장하였다. 신의 믿음은 뇌의 창조물이라는 결론을 내리고 수많은 기독교인의 박해가 두려워 병상에서 몸을 떨기도 했다. 인간은 군중 심리, 집단 행동, 편견과 오만의 특성을 지니고 있어 자신과 다르게 생각하거나 자신의 생각을 반박하려 하는 개인과 집단의 등장에 말할 수 없는 잔인함과 난폭한 발톱을 드러낸다. 자신이 굳게 믿어온 것에 의문을 제기해 보고 검증하려 하지 않는다. 어리석게도 자신과 자신의 삶이 부정당하지 않는 것에만 집중한다.

인간은 신비로운 우주 가운데 존재하며 온갖 신비로운 일들을 매일 경험하며 살아간다. 그리고 인간은 알아낼 수 없는 영역과 알 수 있는 영역 안에서 주어진 짧은 생애를 보낸다. 키에르케고어의 주장대로 신비는 존재하며 이성을 통해서는 설명될 수 없고 그렇기에 불확실성에 과도한 확신도 하지 말아야 하며 모르는 영역을 온갖 상상력을 동원하여 설명하려 들지 않아도 된다. 그의 말대로 우주의 신비는 이성 밖에 존재하는지도 모른다. 키에르케고어는 '이것이냐 저것이냐 : 삶의 단편(Either/Or: A Fragment of Life)'에서 이와 같이 말하였다.

"공허하고 황홀하며 몸부림치는 산고로 끊임없이 고통을 당하는 나의 영혼과 사상은 얼마나 빈약한가! 무엇이 다가오는가? 무엇으로 미래를 잡을 것인가? 나는 모른다. 나는 모른다. 자기 앞의 텅 빈 공간을 바라볼 뿐이다. 항상 내 앞에는 텅 빈 공간이 있고 나를 몰고 가는 것은 내 뒤에 있는 결과이다. 이러한 삶은 차마 견딜 수 없다."라고 부패한 기독교에 날선 비판을 아끼지 않았던 그는 기독교 수호자와 같은 역할을 감당했지만, 자신의 변함없는 신앙 속에서도 인간의 무지함을 통탄했다.

 인간이 창조한 신을 인간 스스로가 규정하는 것인지 신이 인간에게 자신을 알려 주는 것인지에 대한 선택에 있어 그 어떤 강요나 유혹이 있어서는 안 될 것이다. 종교 안에 사랑은 신앙을 강요하는 것이 아니라 개인의 생각을 존중하는 것이 아닐까? 호기심, 다양한 생각을 하는 것은 본능이며 이에 자유가 허락되어야 진정한 사랑이 실현되는 것은 아닐까? 현재의 종교를 보라. 여전히 자신들의 생각과 다른 생각을 펼치면 최악의 죄를 지은 사람으로 취급하며, 정작 신은 조용한데 종교 내에서는 신성모독, 이단, 사이비라는 굴레를 씌우고 강력하게 조치한다. 내몰린 이들은 또 다른 자신들만의 종교 단체를 만들고 그들도 동일하게 또 다른 생각을 주장하는 이들을 강력하게 밀어내는 일들이 마치 복사한 것처럼 반복된다. 이뿐인가? 자신이 몸담은 종교 단체, 교리 등에 회의를 느끼고 신앙심이 약해지거나 신앙을 잃어버려도 그 조직에서 생계를 유지하고 명성을 얻은 이들은 자신까지 속이며 그 조직에 충성한다. 평생을 쌓아 온 인간관계와 인연들을 쉽게 끊지 못해 벗어나지 못하는 경우도 있고 그 조직에서 삶이 자신의 전부가 되어 버려 다른 삶을 상상조차 하지 못해 유지하는 이들도 있다. 또한 종교 단체의 비리나 부정부패, 실체를 알게 된 사람의 정의로운 행동을 막고 종교 단체를 유지하기 위해 살인까지 감행한다. 그러니 알면서도 모르는 척하며 자신조차 그 혜택을 누리며 살아간다. 모두가 오른쪽 방향으로 갈 때 홀로 왼쪽 방향으로 선회하는 것은 엄청난 용기를 가진 사람만이 가능하다. 그렇기에 극소수만이 자신의 신앙의 변화를 선언하고 새로운 삶의 길을 나선다.

사랑은 어디에 있는가?

3) 선과 악

악의 근원

　인간이 신의 존재를 간절히 바라고 믿는 이유 중 빼놓을 수 없는 이유가 바로 선과 악의 문제가 아닐까? 악이 무엇인가? 인간이 중심이 되어 인간에게 해롭거나 불리한 모든 행동을 규정하는 것인가? 끔찍한 범죄와 사건이 지속적으로 발생하는 이 세상에서 그런 범죄를 저지르는 사람을 도저히 이해할 수 없었다. 분명 어떤 존재가 조종했을 것이라는 생각은 그 끔찍한 사건을 이해하는 데 큰 도움을 줬을 것이다. 그리고 인간이 했으리라고는 상상조차 할 수 없는 사건들을 인간이 했다고 한다면 우리 인간은 과연 어떤 존재가 되겠는가? 그리하여 모든 원인을 다른 누군가에게 전가시키는 데 동의를 했으며 악의 존재를 사실화하였고 믿기 시작했다.

　선과 악은 과연 존재하는가? 인간의 말과 행동이 생존의 본능에 좋은 결과를 가져다주면 선(좋음)으로 판단하였고 해를 끼치는 말과 행동을 악(나쁨)으로 보았다. 참으로 신기한 것은 이 두 가지 행동이 한 인간에게서 발현된다는 것이다. 공자, 맹자, 노자 등 동양의 철학에서는 선과 악의 근원의 관심보다는 윤리적이고 도덕적인 개념으로만 다루었다. 인간이 둘 다 가진 것을 부정할 수 없으니 다스리는 것에 집중한 것이다. 반면 많은 종교에 큰 영향을 준 조로아스터교, 이에 영향을 받은 마니교 등은 선은 선한 신으로부터, 악은 악한 신으로부터 나온다는 이원론, 이신론을 주장하였다. 다신교에서는 셀 수 없이 많은 각종 신을 언급하고 있다. 이후 유대교, 기독교, 이슬람교로 대표되는 일신론의 종교 즉 신은 오직 한 분이어야만 하는 종교가 등장하였다. 이들에게는 두 신이 공존할 수 없었기에 대안을 제시한다. 인간의 악을 행하는 행동이 선을 행하는 행동만큼 압도적이라는 사실을 잘 파악하여 신의 힘에는 못 미치지만, 인간은 장악할 수 있는 힘의 소유자에게 악의 근원의 역할을 맡긴다. 바로 변심한 천사 '루시퍼'이다. 이 악의 유혹에 인간(아담)이 넘어가 순종하지 못한 죄를 범하였고 인간은 원죄를 가진 존재가 되었다. 이에 아우구스티누스는 원죄를 범한 자유의지를 악으로 보았다. 이에 반해 세익스피어는 '맥베스(Macbeth)'에서 선과 악은 한 샘에서 도사리고 있다가 어느 쪽으로든 흐를 수 있다는 자신의 생각을 담아냈다.

그렇다. 선과 악은 정교하게 나눌 수 있는 것인가? 동일한 행동과 말인데 시대에 따라 전혀 다르게 해석되고 평가받는 것들을 보라. 인간을 신분, 계급, 등급으로 나누고 여성과 아이를 짐승 취급하는 것이 당연한 시대가 있었다. 그러나 인권과 인간의 존엄성에 인식이 끊임없이 변하여, 예전에는 진리였고 선이었던 일들이 현재에는 불법이며 악한 것이 되어 있다. 또한 동물의 세계에서는 그저 본능에서 발생되는 현상일 뿐인데 인간의 세상에서는 악으로 규정하는 것들이 있다. 이를테면 어미 멧돼지가 자기 젖의 수보다 많은 수의 새끼를 낳을 때의 행동이다. 가장 힘 약한 새끼가 젖을 차지하지 못해 점점 약해지면 나머지 새끼들을 더욱 건강하게 키우고 자신도 체력을 회복하기 위해 약한 새끼를 잡아먹는다. 또 뻐꾸기는 놀랍게도 부모의 원초적 본능에 속하는 양육을 하지 않고 다른 새의 둥지에 있는 알을 떨어뜨려 죽이면서까지 자신의 알을 다른 새에게 맡긴다. 자연의 세계를 보면 목표는 오직 하나이다. 자신이 살아남아 멸종을 면하기 위해 최선을 다하는 것이다. 이 강력한 본능대로 잡아먹고 잡아먹힌다. 인간의 세계도 별반 다를 바 없는 역사를 가지고 있으며, 지금도 생존의 문제가 모든 세계의 문제를 야기한다. 이렇게 생존과 욕심의 본능에서 전쟁이 발발하면 세상은 아비규환으로 변하고 인간이 저지르는 무자비한 살인은 그 어떤 생명체도 감히 비교할 수 없을 만큼 잔인하다. 나와 나의 가족, 동료, 국가를 지키기 위해 타인을 죽이는 것은 선인가? 악인가? 1명을 죽이면 살인자로 처벌을 받지만, 수만 명을 죽여 승리를 이끈 사람은 영웅이 된다. 인간을 죽여서는 안 되지만 인간을 살리기 위해 수없이 많은 동물을 죽이는 것은 선이 된다. 선과 악은 녹비왈자(鹿皮曰字)인가?

인간을 이해한다는 것은 우주를 이해하는 것과 비교할 만큼 어려운 일이다. 인간의 이해는 여전히 진행 중이며 여러 학문이 세분화되어 집중 연구된 최근에 와서야 규명되지 않았던 여러 부분이 밝혀지게 되었다. 지금 우리가 알게 되었다고 생각하는 것들도 훗날에는 수정되기도 할 것이며, 월등히 많은 연구가 진행된다면 인간의 해석과 이해도 크게 달라질지도 모른다. 그러니 천 년…. 수천 년 전의 사람들은 인간을 어떻게 이해했겠는가? 인간에게서 보이는 악한 모습과 자연이 보여 주는 공포 그 자체인 재해(폭풍, 지진, 화산, 가뭄, 전염병 등)에는 분명 원인이 있을 것이라는 생각은 오히려 합리적인 추론으로 보인다. 그리고 인간에게 해를 끼치니 당연히 선한 캐릭터보다 무시무시한 모습과 신과 맞먹는 힘을 가진 존재로 표현하는 것이 적절했을 것이다. 그리고 이런 악의 문제를 해결해 주고 제어할 수 있는 전지전능하며 선(善) 그 자체인 신의 존재 또한 반드시 필요했다.

물론 여전히 증명할 수 없는 세계이지만 이렇게 해서 수많은 종교가 탄생했다. 인간들은 생존이 좌우되는 위협을 느끼며 살았기에 자신들의 문제를 더 잘 해결해주고 더 강한 신을 선택했고 그 종교가 지속적으로 성장해 왔다.

악에 대한 심판

　악의 원인과 더불어 악의 심판에 인간의 갈망 또한 종교를 찾는 원인 중 하나이다. 인간이 가지고 있는 무섭도록 잔인한 본능이 인류의 멸종을 가져올 수도 있다는 생각을 했기 때문일까? 동서양을 막론하고 인간의 생각과 행동에 선과 악을 규정하여 선을 선택하는 삶을 살도록 권면하고 강요해 왔다. 그러나 인간의 이기적인 본성은 선한 생각과 행동을 하는 사람들에게 피해를 준다. 선한 선택을 한 사람들은 이 억울함을 하소연할 곳이 없다. 선하게 살라는 권유와 가르침으로, 혹은 선한 본능에 살고 있는데 작은 피해 정도가 아니라 처참하고 비통한 상황에 처한 이들은 어떻게 살아가야 하는가? 약탈과 살인, 거짓과 사기, 모욕과 굴욕적인 일들을 당하며 어떻게 살아가야 하는가? 그 억울함과 원통함, 가슴이 아려 일상생활조차 할 수 없는 고통을 그저 당하고만 있어야 하는가?

　세상은 권력과 돈의 힘으로 움직이며, 가진 자와 그렇지 못한 자는 전혀 다른 대우를 받으며 살아가고 있다. 약육강식의 인류 역사는 인간의 삶을 비참하게 만들기 일쑤였고, 이를 타개하기 위해 정의와 진리, 선을 내세워 보았지만 번번이 실패하고 말았다. 분명 선한 것이 진리이며 선이 세상을 덮어야 아름다운 세상이 될 것 같은데, 안타깝게도 그 반대의 상황이 아무런 제약도 없이 벌어진다. 사소한 개인 간의 문제부터 집단과 국가 간의 문제 사이에서 벌어지는 불평등한 일과 일방적으로 피해를 입은 일을 현실의 세상에서는 도무지 해결할 방법도 없고 그 억울함과 고통과 슬픔을 오롯이 한 인간이 견디기에는 너무나 무겁기에 살아갈 힘조차 잃어버린다.

　결국 현실 세계에서는 해결되지도 않고 해결해 주는 그 누구도 없기에 종교가 사후 세계를 통해 이 문제를 해결해 준다. 직접적이고 현실적으로 그 문제들을 해결해 줄 능력은 종교 집단도 가지고 있지 않기에 사후 세계를 문제 해결 방안으로 제시한다. 지옥을 9단계까지 상상하는가 하면 영원히 죽지도 못하는 형벌장소를 소개하며 공명정대한 진리의 신이 아주 명확하게 심판해 준다고 한다. 이 얼마나 통쾌한가? 내가 어찌할 수 없는 존재를 내가 믿는 신이 깨끗하게 처리해 준다고 하니 마음의 모든 염려가 사라진다. 반드시 그렇게 되길 바라는 간절한 소망은 믿음이 되어 버린다.

  종교는 한 걸음 더 나아가 사후 세계 심판의 두려움과 공포심을 극대화시켜 인간(타인)을 불행으로 몰아넣는 행동을 억제시키는 동시에 신앙심을 더욱 고취시켜 나간다. '권선징악'이 현실에서는 좀처럼 적용되지 않는 비극적 상황에서 누군가는 선한(좋음) 삶을 살아야 하는 절대적인 이유를 설명해야 했다. 바로 이 필요와 인간의 갈망을 종교가 잘 해소해 주었다.

  사후 세계에서나마 한(恨)이 해소되기를 간절히 바라는 가슴 아픈 일들이 판을 치는 세상에 사랑은 어디서 무엇을 하는가?

4) 뇌 안에 존재하는 신 (The God Spot)

　인간은 신의 창조물이기에 오직 모든 삶과 열정, 그리고 재능은 그의 은혜이며 그를 위해 사용되는 것이 마땅하다고 여겨졌기에 건축, 미술과 음악 등의 예술, 문학, 철학 등은 종교의 신을 찬양하는 데 활용되었다. 근대에 들어서 많은 도전과 변화가 있었지만, 여전히 종교의 역사가 깊기에 기독교, 이슬람교, 불교, 힌두교, 유대교 등 이름만 언급해도 모두가 아는 종교부터 온갖 신을 모시는 종교까지, 인간의 삶에 종교가 차지한 비중과 영향은 상당하다. 우리는 왜 이렇게 종교에 깊이 빠질까? 그중 신비한 경험이 주요 원인 중 하나일 것이다. 이에 흥미로운 연구가 진행되어 살펴보고자 한다.

　마이클 퍼싱어(Michael Persinger)박사는 영적 경험을 하게 하는 갓스팟(Godspot)이 존재한다고 생각했고 여러 실험을 통해 증명하려고 노력했다. 심지어 갓스팟 헬맷까지 만들어 사람들에게 선보이기도 했는데 2000년까지 연구는 이어졌으며 신을 느끼는 측두엽 부위에 뇌전증을 일으킨 환자들이 이런 영적 경험, 종교적인 경험을 했다는 사례가 두드러지게 많이 있었으며 신뢰가 점점 높아졌다. 이후 2004년 페르(Pehr Grannvist)가 다시 임상 실험을 해 봤는데 50%가 동일한 경험을 했다. 뇌와 영적 경험의 연관성이 드러난 연구 결과이다. 뇌과학자들이 지속적으로 연구한 결과 뇌의 특수한 부분이 영적 경험, 종교적 체험을 하게 하는 특별한 뇌 부위를 정확히 특정하는 수준에는 미치지 못했다. 하지만 연구는 계속될 것이며 아직 모르는 많은 부분이 밝혀지는 날이 올 것이다. 또한 인간의 행동과 여러 현상의 원인을 알지 못했던 시대에는 영혼이나 다른 차원의 세계로 연관 지었다. 당시엔 합리적인 판단이었을 것이다. 환청과 환각 증세를 보이는 사람을 어떻게 해석할 것인가? 정신적인 문제, 즉 뇌와 관련된 심각한 오류가 발생한 사람은 컨트롤을 할 수도 없으며 치료 방법도 모르니, 종교 지도자를 찾아 도움을 요청하는 방법뿐이었다. 정신 분열증, 다중 인격, 치매 등의 증상을 보이는 사람을 과거에는 감당할 수 없었을 것이다. 뇌에 문제가 발생한 사람은 속수무책으로 무너져 버리고 기이한 행동과 자신까지 공격하는 자해를 서슴지 않는다. 이런 사람의 증상은 일반 사람을 더욱 공포로 몰고 갔을 것이며 신의 저주라고 판단해도 아무런 무리가 없었을 것이다. 그러므로 정신적인 문제를 가진 사람의 괴기스럽고 소름 돋으며 무섭기까지 한 행동은, 일반 사람이 신의 존재에 더욱 확고한 믿음을 가지게 하는 데 아주 큰 역할을 감당했을 것이다. 20세기 세계 전쟁 당시에는 인간을 전쟁하는 도구로 만들기 위해 약물을 사용하였고, 현재에도 향정신성 약물의 오남용으로 비정상적인 삶 속에서 고통받는 사람이 많다. 인간이 인간답게 살아갈 수 없도록 만드는 뇌와 신경은 정말 절대적인 역할을 감당하고 있다.

또한 인간의 뇌는 세뇌 당하고 자기암시를 통해 심각한 오해를 하며 살아간다. 특정 단체나 개인은 사람들에게 사상, 주의, 교리 등을 지속적으로 교육시켜 자신을 따르도록 뇌리에 주입시킨다. 인간은 교육과 환경의 지배를 받기 때문에 특정 단체와 국가는 세뇌가 최고의 선택이 된다. 인간의 뇌는 그렇게 교육받은 것만이 절대적인 진리로 입력되어 다른 생각과 견해에 부정적인 반응을 보이며 자신의 사상과 철학은 점점 화석화되어 간다. 흥미롭게도 이런 세뇌의 과정을 지원하는 이들이 있다. 먼저 세뇌를 당해 맹신한 사람들이다. 이들은 심지어 자기암시까지 하여 자신이 신을 모시거나 신의 선택을 받았다고 생각한다. 선택받은 자, 그들은 종교 안에서 혜택을 보는 종교인이 되어 새롭게 접하거나 의심을 가진 자들에게 진심을 다해 호소한다. 이에 발맞춰 종교는 그런 사람에게 종교 안에서 줄 수 있는 권한과 직책을 부여하고 필요한 역할과 중책을 맡긴다. 그들은 선택받은 자라는 자기 암시에서 책임감과 사명감으로 종교에서 원하는 삶을 살아가고 이들의 간절한 호소와 진심 어린 설득은 많은 이에게 확신을 심어주며 믿음을 더욱 강화시켜 나간다. 한번 세뇌 당하면 돌이키기 어려우며 종교와 종교인이 원하는 삶을 살기 위해 생명까지 아끼지 않는다.

사랑은 어디에 있는가?

5) 진화 속 본능

  뇌와 함께 인간의 진화 속에서도 신을 믿는 이유를 찾기 시작했다. 우리의 조상은 수렵과 채집을 할 때부터 보이는 것만으로는 사냥할 수 없기에 상상력을 동원하기 시작했고 그 추상력은 생존에 매우 큰 힘을 발휘했다. 그리고 인간의 삶이 자연 앞에서는 다른 생명체와 조금의 차이도 없는 연약한 존재이기에 두려움의 본능을 물려받았다. 특히 죽음의 공포는 지금도 여전하다. '나'라는 존재를 인식하고 구별하며 아주 특별한 존재인 내가 그냥 소멸되는 존재로 상상하는 것은 억울하기도 하고 허망하기도 하다. 영원하고 싶은 본능과 특별한 주관적 경험이 쌓여 신앙심이 발달하게 되었다고 분석한다. 이에 마이클 셔머(Michael Shermer, 클레어몬트 교수)는 의미 없는 것들에도 의미를 붙여 의미를 두려고 하는 본성을 이야기한다. 그리하여 보고 싶은 것을 보고 듣고 싶은 것만 듣는 일이 발생한다고 하였다. 예를 들어 하늘에 뜬 구름일 뿐인데 유독 어느 날 구름의 모양이 자신이 믿는 어떠한 형상과 유사하다고 주장하여 자신의 신앙을 견고히 하려고 하거나 나무의 무늬, 벽에 비친 빛과 그림자 모양에 자신의 신앙을 투여시키는 것이다. 그리고 이런 특별한 것을 조종하는 행위자가 있을 것이라 상상한다. 예전 조상들이 보이지 않는 사냥감을 상상하여 추측했듯이 말이다. 모든 것에 의미를 부여하다 보니 우주의 탄생에도 의미를 부여해야 하며 존재하는 모든 것은 행위자의 것이고 그 행위자를 우리는 신이라 부른다는 논리가 완성되는 것이다.

  여기서 한 가지가 더해지는데 인류학자 디미트리스 지갈라타스는 종교는 사회적 동물인 인간에게 중요한 것을 제공하는데 그것이 바로 소속감과 일체감이라고 하였다. 인류는 생존을 위해 힘을 모아야만 했다. 다른 생명체와의 경쟁에서도 단합은 필수적이었지만 인간 세상에서도 마찬가지였다. 한 집단에서 도태되는 순간 생명의 위협을 받게 되며 생존에 불리한 상황에 놓인다. 그렇기 때문에 본능적으로 인간은 자신이 살고 있는 사회에 소속감을 강하게 필요로 하는 존재가 되어있다. 국가들 사이에 형성된 단체(EU-유럽연

합, ASEAN-동아시아국가연합 등)만 봐도 인간 사회와 인간은 협력을 얼마나 중요하게 여기며 생존에 어느 정도로 필수적인지 잘 알 수 있다. 또한 지역사회, 직장, 협회, 단체, 동호회 등과 같은 조직은 한 개인이 인생을 살아가는데 아주 큰 영향을 미치며 정치에서는 조직과 단체의 힘이 곧 권력과 직결된다. 이토록 인간은 협력이 생존의 필수적인 요소가 되어 소속감과 일체감을 본능적으로 취하려고 한다. 이때 종교에 소속된다는 것은 한 개인에게 모든 필요를 해결해 준다. 정치적 도움을 받고 정보를 교류하기도 하며 서로에게 필요한 교류와 도움을 주고받으며 심지어 특정 기간에 국한되지 않고 죽는 그 순간까지 소속감을 잃지 않게 도와준다. 다른 단체와 조직은 개인의 위치와 나이에 따라 기간이 정해져 있는데 종교는 그렇지 않다. 이보다 안정되고 유익한 단체가 또 있을까. 이렇게 종교는 최고의 소속감을 느낄 수 있게 해 주며 종교에서도 이런 인간의 필요를 잘 알고 있기에 최선을 다한다. 게다가 사후 세계까지 제공하며 증명할 수 없는 영원을 꿈꿀 수 있게 해 준다. 과연 한 인간이 이런 종교를 외면하며 살아갈 수 있는가. 인간에게 고독과 외로움은 생명까지 단축시키기에 소속감을 느끼기 위해서라도 종교를 선택하고 종교 생활을 하는 것이 충분히 이해가 된다.

그리고 인간의 생존 본능 중 소속감에 이어 일체감이 중요한 역할을 감당한다고 본 디미트리스는, 인간이 소속감과 일체감을 동시에 만족하려는 본능이 있다고 하였다. 일체감이 무엇이냐면 같은 생각, 동일한 경험을 다수와 함께 하고 싶어한다는 것이다. 예를 들면 같은 프로팀을 응원한다고 처음 만난 사람임에도 쉽게 마음을 열거나 수많은 사람이 한 장소에 모여 같은 노래를 부르고 춤을 추면 모두가 하나가 된 것 같은 희열을 맛본다. 공원이나 카페에서 애견을 키운다는 사실만으로 급속도로 친해진 경험을 해 본 사람이라면 공감이 더 잘 될 것이다. 이런 일체감과 소속감은 세계 여러 축제, 콘서트장, 각 종교마다 존재하는 예배, 의식을 통해 발현되고 있는 것이다. 인간의 본능을 효율적으로 적용시키기 적합한 종교는 가족과 사는 지역, 국가의 영향을 받아 대부분 결정된다. 군중심리, 인간은 다수의 사람이나 모든 사람이 한 방향으로 움직이면 의심도 없이 따라간다. 역사를 돌아봐도 인간은 대중의 흐름에 휩쓸리지 정의와 진리에 따라 움직이지 않는다. 소수의 사람들은 아무리 정의를 외쳐도 인정받지 못하며 심지어 생명의 위협까지 받거나 잃는다. 그러니 다수의 조직을 원하게 되고 더 큰 영향력을 행사하기 위해 조직을 키우는 데 최선을 다하게 된다.

6) 군중심리

　자신의 가족, 지역, 국가에서 종교가 결정되는 데에는 또 다른 인간의 특징이 영향을 미친다. 종교집단의 확장과 유지는 군중심리(Mob mentality)와도 연관이 있다는 것이다. 프랑스 사회학자 귀스타브 르봉(Gustave Le Bon)은 인간에게 군중이라는 것은 또 다른 인격체라고 선언하였다. 개인의 성격과 성향 그리고 마음을 군중의 흐름에 빼앗겨 자신의 뜻과는 다른 행동과 생각을 하게 된다는 것이다. 또한 군중심리에 빠지면 사람들은 정의와 진리를 찾기 위해 보지 않고 정의와 진리를 내린 다음 본다는 것이다. 수많은 대중이 옳다고 주장하는 방향에 휩쓸려 비판적 사고는 힘을 잃고 그들과 함께 확신에 차 나아가게 된다. 대중은 제한한 정보를 가지고 전체인 것으로 일반화시켜 공통의 고정관념을 가진다. 단순하고 완고하면서 편견적인 고정된 사고는 화석화되어 절대 진리로 둔갑해 인간을 지배한다. 이를 '스테레오타입(Stereotype)'이라고 하는데 이 얼마나 어리석고 무서운 인간의 모습이란 말인가? 이 군중심리는 드디어 '군중행동(Mass behavior)'이라는 결과로 표현된다. 사회학자 에버렛 딘 마틴(Everett Dean Martin)은, 군중은 자신들의 원칙을 보편적인 것처럼 이용하여 거짓 우월감을 얻고 이 우월감은 다른 사람과 집단의 주장을 수용하지 않는다고 했다. 우월감은 영웅 숭배의 본성을 자극하고 자기 영웅을 만들어 숭배한다. 인간이 가진 자신 스스로의 욕망을 영웅에 투사하고 믿고 싶은 것만을 선택적으로 믿으며 자기 강화(Self-reinforcement)만이 더욱 완강해진다. 조화로운 성찰과 비판적인 사고력은 사라져 종교적 편향과 강박관념, 적개심만으로 성벽을 친다.

　이제 남는 것은 광신도의 모습으로 평생을 살아가는 이들과 집단이다. 광신도가 가득한 집단 속에서는 그들의 생각과 반하는 어떠한 행동과 말을 할 수 없다. 수백, 수천, 수만 명이 모여 종교 행사를 진행하는 곳에 있으면 그들과 동화되어 간다. 대중들 앞에 선 종교 행사 담당자와 지도자는 자신들의 믿음을 확신하여 강하게 주장하기도 하고 대중을 사로잡기 위해 자신이 무엇을 어떻게 해야 하는지 잘 알기에 훌륭한 연기력을 선보이기도 한다. 강한 카리스마, 인자한 모습, 유쾌한 유머 등 대중들이 원하고 좋아하는 모든 것을 선보인다. 그리고 신비로운 일화를 가진 유적지나 성물, 정신을 빼놓는 퍼포먼스, 엄청난 음향 장비를 동원한 노래와 춤으로 대중의 마음을 사로잡고 감정을 들끓게 한다. 다양한 경험과 깊은 지식 습득, 탁월한 분별력과 통찰력을 가지지 못한 개인이 이런 환경에 노출되면 자신에게 주어진 종교가 진리가 되고 삶과 생명까지 헌신하게 된다.

인간은 놀랍도록 이성적인 지적 생명체이기도 하지만 무서울 만큼 맹목적이고 비이성적인 집단행동을 보이기도 한다. 이를 잘 이용하는 집단이 바로 정치와 종교 집단이다. 인간의 정신과 삶을 지배할 만큼 강력한 영향력을 미치는 종교는 인간의 역사와 함께해 왔으며 종류도 다양하다. 지역의 특성과 기후, 인종과 문화 등 다양한 조건만큼 그에 맞는 종교가 탄생해 왔다. 그중 누구나 원하는 이상이 담긴 경전, 가장 우월하고 그럴싸한 신의 관념과 신화, 신비롭고 예사롭지 않은 예언자의 일화, 그리고 압도적인 조직력을 통해 치밀하고 정교하게 다듬은 종교가 다른 종교와의 경쟁에서 살아남아 왔다. 종교는 정치와 함께 인간 사회의 핵심이다. 둘 다 인간의 심리와 인간의 욕구를 해결해 주기 때문에 아주 밀접한 관계를 형성하고 있다. 종교는 정치의 등에 업혀 번성하기도 하고 정치의 외면과 억압으로 소멸되기도 했다. 반대로 종교탄압의 역풍으로 정치세력이 멸망하기도 한다. 이때 정치적 입장과 이해관계가 잘 맞는 종교는 점차 규모가 커져 막강한 경제력과 힘을 가지기 시작했고 그것을 지키고 더 확장하기 위해 정치세력과 좋은 유대관계를 지속하면서 동시에 견제한다. 그리고 종교 지도자가 최고 권력자인 신정 체제를 갖춘 국가가 현재까지도 존재하고 있다.

정치와 종교는 동일하게 사람들의 선택을 받아야 하는 숙명을 가졌다. 그렇기에 정치인들은 선택을 받아야 하는 중요한 순간마다 사람이 모여 있는 종교 단체에 머리를 숙이고 절을 하며 종교 단체 역시 선택이 끝나 권력을 잡은 이들에게 머리를 숙인다. 이렇게 인간의 이해타산에 따라 선택받는 수준의 종교 안에 절대 진리와 영원불멸한 신 또는 그 무엇이 있긴 한 것인가? 각 종교는 자신들만의 교리와 진리를 세워 왔고 그것을 설파하지만 생존해야 하는 근본적인 생태계 안에서는 정치인보다 더 정치적으로 세상에 대응하며 그 어떤 민족과 국가, 이념의 공동체보다 더 철저한 절대적 확신으로 뭉쳐 그토록 강조하는 자비와 사랑은 찾아볼 수조차 없는 무서운 집단을 형성한다. 공동체가 개인보다 양심의 책임감이 감소하는 인간, 이러한 오류를 보이는 인간은 집단을 형성하여 인류를 참담한 상황 속으로 몰아넣는다. 인간의 연약함과 부족함 때문인가? 그렇다면 그들이 말하는 신은 방관자인가? 그들이 말하는 자비와 사랑은 그 종교 집단에서 발생하는 범죄와 폭력에 아무런 영향력을 행사하지 못하는 허울인가?

또한 인간은 사회적 동물이다. 즉 혼자 살아갈 수 없는 생명체인 것이다. 군중심리가 바로 이런 본능에서 기인한다. 이 본능에서 한 개인은 가정, 친척, 이웃이 필요한데 종교 단체는 이를 아주 잘 이용한다. 결혼을 시켜주는가 하면 취업도 해결해 주고 이웃사촌이 그리운 이들의 마음을 잘 헤아려 소규모 공동체를 조직해서 함께 살아가도록 한다. 종교 단체에 들어가 결혼, 취업, 이웃 등의 혜택들이 넝쿨째 들어오니 신앙도 중요하지만 삶의 혜택을 놓칠 수 없게 된다. 동일한 신앙을 가진 이들의 모임은 서로의 유대감을 높여 주어 서로가 이웃사촌의 역할을 확실하게 해준다. 한 개인의 삶에 완전하게 스며든 일상은 거부하거나 포기하기 어렵게 되고 한 종교의 신앙인으로서 살아간다.

모든 인간과 생명체는 사랑이 필요하다. 탄생과 생명 유지에 절대적인 영향을 미치기 때문이다. 그래서 사랑이 간절히 필요한 사람일수록 그 사랑을 찾다 상처받고 결국 신과의 사랑에 집중한다. 영원불멸하며 진리 그 자체인 신은 인간을 실망시키지 않을 거란 희망을 안겨 준다. 각자가 꿈꾸는 이상을 자신의 믿는 신에게 투영시켜 완전한 사랑을 스스로 구현해 나가면 되기 때문이다. 아무도 개입할 수 없는 지극히 개인적인 사랑이 온전하게 이루어진다. 이런 기대감에 매료된 사람들은 각 종교에 자발적으로 헌신한다.

사랑은 어디에 있는가?

7) 모든 것을 앗아 가는 종교

　국가 간의 대립과 전쟁이 점차 사라지고 있는 시대에 전쟁의 또 다른 시한폭탄으로 종교 간의 대립이 주목을 받고 있다. 종교 전쟁은 인류 역사와 함께 해 왔으며 현재에도 진행 중이다. 8차에 걸친 십자군 전쟁과 같이 기독교와 이슬람, 힌두교와 이슬람 등 다른 종교 간의 전쟁은 국가 간의 충돌과 함께 엄청난 사상자를 발생시켰다. 자신들이 믿는 신앙, 자신들이 만든 신앙이 가장 소중한 것이 되어 인간의 존엄성 따위는 종교를 수호하는 수단으로 전락해 인간은 죽음으로 내몰렸고 타 종교인의 무자비한 살생을 서슴지 않았다. 인간의 모든 것이 종교 때문에 사라져 버리다니 이 역사를 어떻게 봐야 하는가? 자신들의 이익이나 이념을 위해 이런 일을 감행할 수 있다니 종교는 누구를 위해 존재하며 그 종교의 신은 누구의 신이란 말인가?

　더 아이러니한 것은 같은 종교 안에서의 대립이 타 종교 간의 전쟁보다 더욱 치열하고 끔찍한 역사를 보였다는 것이다. 유대교와 기독교, 자신을 신의 아들이라 말한다고 하여 같은 유대인을 처형하고 그를 따르는 이들을 신성모독죄로 몰아넣었다. 내몰린 이들은 로마로 건너가 핍박을 받았고 세상에서는 희망을 잃은 계층에서 끈질기게 버텼다. 끝내 정치의 선택을 받고 세력이 팽창한 기독교는 유럽 전체로 퍼졌다. 간략하게 기독교 역사를 보면 권력 다툼과 여러 교리의 이견 때문에 로마 가톨릭과 동방정교회로 분리되고 서로를 이단으로 규정하며 전쟁까지 치른다. 이것은 기독교 전쟁의 시작에 불과하다. 종교 개혁이라는 이름 하에 대대적인 신구교 간의 전쟁, 새롭게 탄생한 개신교에서도 여러 종파가 탄생하였고 그들끼리도 강자가 약자를 처참하게 죽이는 전쟁을 했다. 말이 전쟁이지 종교 지도자들은 기사들에게 생각이 다른 이들을 이단이라 규정하고 이단을 처형하면 천국에 간다고 매도하였다. 이게 가능한 일인가? 전염병이나 기근, 전쟁 등 사회적으로 어렵고 힘든 일이 발생하면 사람들의 불안과 공포, 불신과 분노를 약자들에게 뒤집어씌워 해소하게 하는 일도 종교에서 한 일이다. 페스트가 대유행일 때 얼마나 많은 죄

없는 여성이 처참하게 죽임을 당했는가.

　인간이 모인 곳엔 늘 권력과 부가 집중되며 이를 둘러싼 야욕과 다툼은 필연적 인간의 본능이다. 이슬람교의 전파는 곧 전쟁을 이야기하며 이들의 전도는 무자비한 전쟁을 통해 확장한다. 그리고 이슬람 안에서도 누가 정통 후계자인가의 이견으로 시아파, 수니파로 갈라져 1,400년간 전쟁과 갈등이 지속되어 왔고 아직도 화합을 이루지 못한 채 긴장의 상황을 유지시키고 있다. 불교는 인간의 필요를 채우지 못해 발상지인 인도에서 외면당하여 사라지는 일까지 겪게 되었다.

　너무 먼 나라 이야기인가? 한국 종교들을 보라. 종권을 두고 지키려는 자와 적폐 청산을 주장하는 이들 사이의 부끄러운 다툼이 언론을 통해 생생하게 전달되었다. 보면서도 믿을 수 없는 집단 폭력 현장을 멍하니 바라보았다. 어마어마한 부가 축적되어 있는 종교들 내부에서의 다툼은 일반 사회에서 발생하는 일들보다 비상식적이고 비이성적이다. 그들은 무엇을 위해 살아가며 종교는 누구를 위해 존재하는가?

　인간은 많은 원인들 때문에 힘겨운 삶을 살아가며 정치적인 대립과 분쟁만으로도 충분히 고통스러운데 종교까지 나서서 전쟁의 소용돌이로 평범한 이들을 몰아넣어야겠는가? 한 걸음 더 자세히 들여다보면 이런 처참한 종교 전쟁뿐 아니라 우리의 삶 속에서도 고통과 아픔을 주고 있다. 전도, 전파라는 이름 하에 가족을 끌어들여 종교 단체를 위해 온갖 궂은일과 노동력을 제공하게 한다. 가족이 수긍하지 않으면 가족을 버리고 자신만이라도 종교 공동체에 인생을 던진다. 그래야 보상을 받는다는 주장을 믿고 실천하는 것이다. 사람들을 모으면 돈이 생긴다는 것을 알게 된 종교 단체는 사람을 유혹하기 좋은 모든 방법을 총동원한다. 유명하고 인지도 있는 종교를 패러디하고 자신을 신격화한다. 영향력 있는 사람들을 활용하고 첩보영화를 방불케 하는 작전까지 동원하여 사회적 약자들을 공략한다. 종교의 자유가 헌법에 있는 이유는 역사적으로 국가가 한 종교를 국교화해서 강제했을 때 인권이 심각한 피해를 보기 때문이다. 이렇게 인권을 보호하기 위해 만든 법인데 어떤 종교 단체나 종교인들은 이를 이용하여 돈과 권력을 취하고 세뇌 교육을 통해 종교의 자유를 빼앗는 행위를 서슴지 않고 한다. 목표로 정한 사람에게 집요하게 연락하고 자신들의 종교 모임에 데리고 가 강압과 협박, 위협까지 가하면서 악착같이 끌어들인다. 세뇌된 이들은 또 다른 사람을 끌어들이기 위해 물불을 가리지 않는다. 보이스피싱에 당하는 것처럼 몰라서 속고 알고도 넘어간다. 의지할 곳 없고 도움이 필요한 아이들, 청소년, 청년들을 돕는 척하며 끌어들이고 외로운 사람들을 주 목표물로 삼아 세뇌되게 한다. 그리고 믿음을 강조하여 종교인 스스로가 전지전능한 존재로 각인시킨다. 왜냐하면 믿음을 강조해야 자신들이 마음대로 조종하기 쉬운 상태가 되기 때문이다. 믿음에 자신의 모든 것을 바친 사람은 도저히 믿을 수 없는 일을 행한다. 자신의 믿음을 위해 가족을 해하기도 하고 스스로의 목숨도 쉽게 희생시킨다. 특정 종교의 자살 폭탄 테러 같은 사례 뿐 아니라 우리 주변의 일상 속에서도 쉽게 목격할 수 있다. 종교와 종교인, 그리고 자신의 믿음에 확신을 품고 세상과 이별을 택하는 사람들을 어떻게 바라봐야 하는가? 너무나 안타까운 사실은 그들에게 희생을 강요하고 조종한 이들이 함께 행복하게 잘살아 보자는 마음, 사랑의 마음에서가 아니라 자신들 혹은 종교 집단의 이익을 위해 한 사람, 한 가족의 인생을 송두리째 앗아가 버린다는 것이다. 가장 소중한 가족마저 저버리며 선택했는데 그 상처와 아픔을 무엇으로 보상받는단 말인가? 가족이 생사도 확인하지 못하는 경우도 있다. 가족을 버리는 행동이 정의롭고 진리를 따르는 옳은 선택이라는 확신과 신념에 세뇌를 당해 살아가도록 하는 종교 단체는 누구를 위한 집단인가? 그 종교 단체에 빠진 당사자 역시 자신의 선택이 잘못된 것이라는 것을 인정하는 순간 모든 것이 무너져 버리는 비참한 상황을 회피라도 하려는 듯 신념을 더욱 견고히 간직한다. 평화로운 가정을 한순간 붕괴시켜 버린 이들, 자신의 가족과 다른 사람들의 가족을 그토록 고통스럽게 해서까지 해내야 할 일이 무엇인가? 그들이 말하는 진리라는 것이 무엇인가?

지성, 이성, 감성…. 이것이 얼마나 어리석고 안타까운 결과를 초래하는가? 그들의 삶을 누가 어떻게 보상할 것인가? 그토록 집요하고 일사불란하게 유혹했던 이들은 도대체 무엇을 위해 그렇게 했단 말인가?

신에게 확고한 신앙을 가지게 된 인간은 신에게 모든 것을 헌납하고 신을 위한 희생을 찬양하며 자신의 모든 것, 삶까지도 내놓는다. 종교는 사후 세계 관념을 만들어 현재의 삶의 가치보다 죽은 이후에 영원히 살게 될 세상을 더욱 중요하게 여기게 하여 수많은 사람이 자신의 삶을 포기하고 살게 만든다. 지구에서 사는 짧은 시간 동안의 삶이 영원을 결정하다니, 종교의 선택권조차 자유롭지 않은 한 개인으로서는 한 번 잘못 태어나 영원과 관계없는 종교를 만나거나 교육을 받아 영원히 원치 않는 삶을 살아간다면 이보다 억울한 일이 또 어디 있겠는가. 이런 문제를 해결하기 위해 윤회설이 있긴 하지만 그렇게 되면 우주의 생성 원인은 인간을 판단하는 테스트 장소의 목적으로 만들어진 것인가? 어쨌든 현재의 삶보다 더욱 소중하다는 것을 제시해서 종교가 원하는 삶, 종교가 규정한 삶을 살도록 강요한다. 예를 들면 모든 인연, 심지어 가족과의 관계까지도 단절한 삶을 살도록 요청하거나 해당 종교에서 믿는 존재 혹은 종교 단체와 지도자를 위해 전쟁과 살인을 서슴지 않게 하는 일을 한다. 어린 시절부터 세뇌되어 종교 재산을 운영하고 관리하는 사람들, 해당 종교를 학습하여 또 다른 누군가를 설득하는 사람 등 종교가 필요하다 하는 모든 일에 자신의 모든 것을 바치는 사람들이다. 수행이라는 명분으로 스스로를 고통스럽게 하고 수련을 통해 뭔가를 얻을 수 있다는 신념으로 고통을 견디며 소중한 자신의 인생을 보낸다. 정말 사랑이 그들과 그들의 삶에 자리하고 있는가? 그들은 정말 사랑해야 할 것을 사랑하고 있는가? 사랑이 그들을 그런 삶으로 인도하는 것인가? 물론 인간은 선택의 자유가 있으며 자신이 선택한 삶에 후회가 없다면 괜찮지만 그런 삶을 선택하기까지의 과정 속에서 과연 중립적으로 여러 종교를 알아보고 경험해 본 후 자신이 스스로 선택할 기회를 얻은 사람이 얼마나 될까? 스스로 선택한 것 같지만 좀 더 들여다 보면 세뇌와 군중심리, 오판과 무지함의 결과인 경우가 많다. 더 안타까운 사실은 심신이 미약한 사람이 주 표적이 된다는 것이다. 예를 들면 건강을 잃고 병원에서도 희망을 기대할 수 없는 절박한 사람, 경제적 어려움에 처한 사람, 심리적으로 불안과 두려움에 휩싸인 사람, 지적 장애나 신체적 장애를 가진 사람 등 누군가에게 의지하고 싶거나 도움이 필요한 사람들이다. 이런 사람을 접하게 된 종교 지도자들은 이들이 자신에게, 혹은 종교에 깊이 빠져들 수 있는 감정을 가졌다는 것을 확인한 후 기회를 놓치지 않고 끌어들여 믿음을 강조하고 순종을 강요하여 정신을 지배해 버린다. 정신적 지배자가 되어 버린 종교와 종교 지도자는 신자를 마음대로 조종한다. 그러면 종교를 믿는 신앙인이 아니라 종교와 종교 지도자의 노예가 되어 버린다. 모든 것을 잃어버린 인생을 살아가게 되는 것이다.

　이렇게 노예가 되어 버린 이들과 신앙생활을 하는 개개인이 종교와 종교 지도자에게 바친 시간, 노동, 헌금은 그들에게 막대한 부를 안겨다 주고 이에 따른 모든 이득과 혜택은 그들에게 돌아간다. 종교가 가진 재산이 어느 정도인지 상상은 해 보았는가? 큰 규모의 종교 단체는 천문학적인 재산을 보유하고 있으며 그것을 지키고 가지려는 암투가 내부에서 벌어진다. 종교 단체 덕을 보는 종교인, 즉 종교 안에서 의식주 해결의 도움을 받고 금전적인 혜택을 보는 이들과 종교 단체의 재산으로 자신의 재산을 만든 이들은 평생 종교 단체와 함께한다. 설사 종교에 회의를 느끼고 신앙에 의심이 생겨도 떠나지 못하며 이탈하지 않는다. 대중을 설득시키는 종교 지도자들의 연기력은 날이 갈수록 좋아져 그들의 신의 대리자로 손색이 없어 보인다. 대중의 불안과 공포, 근심과 걱정을 조장하고 이용해서 종교인의 생계를 유지하려는 것은 아닐까? 우주를 창조했다는 신이 왜 먼지보다 작은 지구에 눈에 보이지도 않을 성전, 종교 건축물을 짓게 한단 말인가? 온갖 금과 보석으로 치장한 조각물들과 엄청난 규모의 건축물은 그저 사람들을 현혹되게 하는 수단일 뿐이지 않은가? 전 세계 종교의 건축물과 예술작품은 인간의 어려움과 고통을 외면한 채 인류의 역사와 문화의 상징으로 만들어져 왔고 현재도 진행 중이다. 종교의 부흥과 성장과 발전을 위해 한 개인의 안전과 생명, 고통은 외면당해야 하는가? 사람들에게 희망, 사랑, 소망, 자비, 은혜, 생명 등의 도움을 준다는 종교와 종교 지도자들은 왜 반대로 모든 것을 앗아 가는가?

사랑은 어디에 있는가?

제 2 화

우리는 반드시 사랑해야 한다.
: 사랑으로 사람을 덮다.

그래도 사랑하며 살자.

온유안

생존하기 위한 감정 그저 본능일 뿐이더라도
사랑보다 아름다운 것이 또 있을까
사랑보다 고귀한 것이 또 있을까

사랑이
실망과 아픔을 안겨 주고
미움과 증오가 도사리고 있다 하더라도
어둠과 절망 속으로 우릴 몰고 가더라도

우린 사랑할 수 있다는 것이
능력이며 반드시 필요한 생존전략이다

인간이 지구라는 작은 행성에서
할 수 있는 일 중 이보다 더 아름다운 것이 또 있을까
이보다 더 고귀한 것이 또 있을까

사랑,
우주를 담기에 충분하지 않은가

1. 부모와 자녀와의 사랑

Episode 1.

담배 연기가 방안을 가득 채웠는지 방문이 열리자마자 뿌얀 연기가 새어 나오고 문틈 사이로 보이는 방안은 안개처럼 뿌옇다. 체구가 큰 아버지가 연신 줄담배를 피우시며 뭔가 고민하는 모습이 보인다. 학생이었던 서준이는 당시 아버지의 마음을 조금도 이해하지 못했고 이해해 보려고 노력하지도 않았다. 서준이는 아버지의 그런 모습을 원망까지는 아니었으나 싫어했다. 아버지도 말수가 적으셨고 서준이 역시 아버지와 이런저런 이야기를 하지 않은 채 그렇게 세월은 지나갔다.

아버지는 사업이 기운 후 건강까지 악화되어 시골로 내려가셨지만 항상 건장하고 근엄한 모습이셨기에 걱정을 하지 않았다. 아니 솔직히 서준이의 무지함과 무관심 때문에 당뇨병이 심해졌음에도 걱정을 하지도 못했다. 또한 서준이 역시 생각보다 힘겨운 모진 세상을 홀로 견뎌 나가기에 바빴고 힘들었다. 서준이도 외롭고 힘들었기에 아버지의 상황을 돌아볼 겨를이 없었다는 핑계를 대지만 철이 없었기 때문에 아버지를 더 신경 쓰지 못한 것이 더 솔직한 표현일 것이다.

바쁜 일상을 보내다가 자신의 전화를 기다리는 아버지 생각이 나 공중전화 부스에 동전을 넣으면 반가운 인사보다 왜 자주 연락을 하지 않느냐는 꾸중을 듣기 일쑤였다. 서준이는 그저 서운한 마음만을 간직한 채 수화기를 내려놓았고 그런 아버지를 더욱 이해하지 못하였다.

어느 날, 화장실에서 아버지께서 서준이를 부르는 소리가 크게 들린다. 영문을 몰라 달려가 보니 일어나시지 못해 도움을 청한 것이었다. 철없는 서준이는 그런 아버지를 걱정하기보다 왜 이 정도도 못 일어나시냐는 투정을 부렸다. 서준이는 아버지가 항상 큰 산과 같은 존재였으며 언제나 듬직한 우리 가정의 기둥이셨기에 이렇게 나약해질 수 있다는 마음의 준비를 못했다. 그런 상황을 상상조차 할 수 없어서 부인하고 싶었는지도 모른다. 하지만 당시

아버지는 서서히 삶의 마지막을 향해 가고 계셨고 서준이는 전혀 눈치채지 못하고 있었다.

  광복이 되던 해 태어나서 5~7세에 6.25를 경험하고 경제적 어려움과 정치적 혼란을 겪으며 살았을 아버지의 삶의 이야기를 들어 보지 못했다. 이제 너무나 들어 보고 싶어졌는데 사진 속에서 웃고만 계신다.

'아버지, 보고 싶어요.'

Episode 2.

작은 방에서 시간 가는 줄 모르고 대화가 이어진다. 어머니는 동훈이를 불러 어려운 자신의 처지를 하소연한다. 그렇게 실컷 이야기를 쏟아내고 나면 속이 후련하다는 듯 다시 얼굴에 미소를 지으며 동훈이의 일상을 묻곤 했다. 동훈이는 그런 어머니의 모습이 나쁘지 않았다.

이제 막 사회생활을 시작한 동훈이는 짐을 옮기는 일을 했는데 힘들었지만 매달 월급을 받고 어머니와 생활할 수 있어서 감사함으로 열심히 일했다. 자신이 열심히 일하면 월세도 내고 먹을 것도 사고 약간의 저축도 할 수 있어 행복했다. 어려운 형편 속에서도 꿈을 가질 수 있었기에 밝게 살아갈 수 있었다.

여느 때와 다름없이 정직한 땀방울을 흘리며 일한 후 집으로 돌아오는 길에 어머니가 좋아하는 단감이 눈에 들어왔다. 동훈이는 조금 비싸 잠시 고민했지만 기쁜 마음으로 단감을 사 들고 집으로 향하였다. 그런데 어머니의 신발이 보이지 않았다. 방문을 열고 들어서니 허전한 기운이 맴돈다. 이리저리 살펴보니 어머니의 옷들도 보이지 않았다. '어? 설마….'

그렇게 어머니는 며칠이 지나도 돌아오시지 않았고 몇 년이 지나도 돌아오시지 않았다. 그 사이 잠깐 들러 보지도 않으셨다. 동훈이는 홀로 작은 방에 누워 잠을 이루지 못했다. 어두운 동굴 속으로 들어섰는데 반대편 출구가 까마득히 보이지 않는 것 같았다. 어디로 가야 하고 어떻게 살아야 할지 막막했다. 홀로 남겨진 이 상황이 낯설었고 힘들었다. 이제 출근하는 발걸음도 무거워졌고 월급날도 기다려지지 않았으며 슬픔과 우울함에 깊이 빠져 있었다.

그렇게 시간이 흘러 어머니의 소식을 우연히 접하게 되었다. 어떤 아저씨와 사신다고… 수년 전에 그렇게 자신의 삶을 찾아 떠나셨던 것이다. '그래도 안부는 묻고 사시지. 그냥 솔직하게 이야기하고 가셨으면.' 동훈이는 어떤 감정을 가져야 하는지조차 모른 채 그저 밤하늘의 달만 쳐다보았다.

오랜 시간이 지나 동훈이도 결혼을 하고 자녀를 키우며 부모가 되었다. 자녀는 정말 최고의 스승이다. 자신의 마음과 생각을 깨끗하게 볼 수 있게 해 준다. 그제야 동훈이는 어머니를 이해할 수 있게 되었다. 동훈이는 살면서 어머니가 서운했지만 미워하진 않았고 원망스러웠지만 증오하진 않았다. 어머니는 동훈이에게 이런저런 속 이야기는 많이 하셨지만 살아온 삶의 이야기는 아끼셨다. 그러나 동훈이가 부모가 되어 보니 어머니가 어떻게 성장했는지 궁금해졌고 몇 장 없는 어머니의 어린 시절 사진 속에서 유추해 보게 되었다. 어머니는 자신의 아버지를 얼마나 알고 계실까? 할머니는 어머니를 데리고 결혼을 하셨고 아버지가 다른 동생들과 성장한 어머니는 늘 혼자 놀았다고 하셨다. 나이 차이도 많고 부모가 가정적이지 않았을 시대였기에 아마도 어머니는 가정에서 외롭게 컸으리라. 부모로부터 깊은 사랑을 경험해 보지 않았을 어머니는 그 끈끈한 사랑을 어떻게 해야 하는지 모르셨을 수 있다. 그렇게 키워졌으리라. 그리고 성인이 되자마자 혼자 스스로 자신의 삶을 헤쳐 나가셨을 어머니. 동훈이를 외면했다기보다 자신처럼 성인이 된 동훈이가 홀로 살아갈 나이가 되었다고 판단했을 수도 있다. 물론 연락도 없이, 가끔 어떻게 사는지 보러 오지도 않은 부분은 아쉽지만 어머니의 삶도 녹록지 않으셨을 테니.

이런 생각에 이르러서야⋯ 어머니 손을 잡아 드릴 수 있었다. 깊은 사랑을 경험해 보지 못한 어머니가 안쓰럽게 느껴지기까지 했다.

1) 부모와의 사랑

　아직 세상을 모를 때부터 따스한 온기 속에 두근거리는 또 다른 심장 소리를 듣는다. 가끔 어루만지는 손길과 전해지는 목소리는 분명 사랑임에 틀림없다. 그리고 때가 되어 안전하고 포근한 배 속에서 세상 밖으로 나와 울음을 터뜨리기 바쁜 우리를 감격에 찬 얼굴로 바라봐 주는 존재가 있다. 배 속만큼이나 따뜻한 가슴에 안겨 안정감을 느낀다.

"사랑이다."

　부모의 몸을 통해 생성된 세상 유일의 생명체, 그렇게 한 몸으로 연결되어 모든 것을 나눈 존재는 비록 물리적으로는 분리되지만 마음의 끈, 사랑으로 연결되어 함께 살아간다. 세상 그 어느 곳보다 따뜻하고 안전한 사랑의 안식처, 부모는 모든 생명의 근원이며 사랑의 정점이다. 이 얼마나 아름다운가! 우리는 우주의 아름다움에 감동하지만, 부모의 사랑은 바로 그 우주를 담을 수 있지 않을까?
　깊숙한 안주머니에서 꺼낸 용돈, 자녀들-손주들 주고 싶어 기쁨으로 모은 돈을 꼭 쥐어 주는 마음을 받아 본 적이 있는가? 맛있는 건 항상 먼저 챙겨 주고 남은 것을 먹는 마음을 받아 본 적 있는가? (부모라면 자신도 모르게 실천까지 했으리라)
　젊은 사람들조차 회피하는 힘겨운 농사를 피곤한 줄도 모르고 하신다. 손은 인생의 모든 고난을 이겨낸 만큼 거칠어져 있다. 그 손을 붙잡고 이제 그만하시라고 해도 그저 웃으실 뿐이다. 자녀에게 짐이 되기 싫어서, 늘 해 왔기에 하신다. 다르게 사는 길을 선택할 수 없어서 하신다. 그렇게 얻은 곡식들, 농산물들을 투박한 병에 담고 보자기에 싸서 자꾸 실어 주신다. 저만치 멀어지는 자녀의 모습을 조금이라도 더 보려고 길가까지 나와 서서 배웅하신다. 왜소하지만 500년 한 마을을 감싸며 자란 느티나무 같은 강직함이 가슴을 파고든다. 거기 그렇게 계시다는 이유만으로 자녀는 세상을 이길 힘을 얻는다.

대부분 부모는 자녀를 위해서는 모든 것을 당연한 것처럼 내놓으신다. 자녀가 당연한 것처럼 받아도 행복하게 내놓으신다. 더 주지 못해 미안한 마음까지 가지신다. 정작 본인들은 그 누구의 도움도 없이 자녀를 키웠으면서 그 어려움을 안다며 언제든 달려와 주신다. 학교를 마치면 다시 만날 자녀의 뒷모습을 조금이라도 더 지켜보려고 까치발을 들고 눈을 떼지 못한다. 자녀가 철없이 던지는 날카로운 말들을 미소로 받아주시며 자녀가 쏟아내는 온갖 원망을 애써 변명하거나 자기방어를 위해 이해시키려고 하지 않는다. 철없는 자녀의 독한 말들을 조용히 품는다. 대꾸조차 없는 부모의 모습이 더욱 답답하다는 듯 소리치는 자녀 앞에 바다처럼 서 계신다. 어미 새가 보들보들한 가슴털로 새끼를 품는 것처럼. 훗날 다 알게 될 것이라는 확신이라도 있는 듯 그 차디찬 말들을 따뜻함으로 녹인다. 그리고 자신 인생의 마지막 길에서조차 짐이 되고 싶지 않아서, 마지막으로 줄 수 있는 사랑을 찾고 외롭게 조용히 이별을 끌어안는다. 부모가 되어 보지 않고 부모의 마음을 논하지 말라 했던가. 어떻게 말로 다 할 수 있겠는가.

이 순간 사진 속에, 마음속 추억 속에 계신가? 그렇다면 좋은 추억이 훨씬 많이 기억되니 아쉬웠던 마음일랑 저 푸른 바다에 띄워 보내고 이해해 주고 힘겹게 한평생 사셨을 부모님을 마음으로 안아 보자. 부모가 아무리 실망스럽게 했더라도 자세히 기억을 떠올려 보라. 다투고 못마땅해 원망도 했지만, 자식 때문에 어떤 어려운 환경에서도 묵묵히 자신의 일을 했던 모습은 가슴 속 깊이 남아 있을 것이다. 조금만 돌아본다면 작은 사랑의 조각 하나는 쉽게 찾으리라. 여기서 명심해야 할 것이 있다. 바로 그 작은 조각 하나로 더 큰 사랑을 배웠고 그로써 우리가 힘겨운 세상을 살아낼 수 있었다는 것이다. 완전한 사랑은 인간이 지향해야 할 방향임에는 틀림없지만, 그것은 이상일 뿐 우리는 모두가 부족하고 연약한 인간이다. 그러므로 성장 환경에서 덧붙여진 것들은 걷어 내고 본질적인 사랑에 주목해 보자.

부모의 사랑이 보이는가? 혹시 부모와 좋지 못한 관계에 놓여 있는가? 그 사랑의 은혜에 보답해야 하는 의무에서가 아니라 온전히 자신이 가지고 있는 사랑이 원하는 대로 하자. 작은 조각일지라도 그 속에 담긴 큰 사랑을 알게 되었다면 그 사랑이 하려는 대로 두라. 그리고 이렇게 하는 것이 자신을 위하는 길이며 결국 모든 수혜는 자신이 받을 것이다. 이해타산을 따질 수 없는 소중한 것이지만 자신을 위해서 사랑한다 하더라도 지혜로운 선택이다. 지금 화해할 수 있다면, 용기를 가져 보자. 미처 부모님의 은혜와 그 고마움을 몰랐다면 이제 알아 가면 된다. 아니면 나에게 사랑이라는 본능이 이어졌기에 사랑으로 덮어줄 수 있으리라. 그리고 꼭 명심해야 할 것은 부모를 이해했다고 해서 부모가 변할 것이라는 기대는 하지 말아야 한다. 이미 화석화되어 버린 가치관과 생활 습관은 좀처럼 변하지 않는다. 그렇기에 여기까지 이해하고 사랑해야 한다. 변한 건 자신의 마음인 것이다.

　부모의 사랑은 우주에 존재하는 거의 모든 것에 내재되어 있는 보편적인 본능이며 감정임에 틀림없다. 이 사랑이 비단 종족을 유지시키기 위한 본능일지라도 생존에 필수적인 요소라는 것을 본능적으로 알고 있다. 부모님에게 허락된 시간이 그리 많이 남아 있지 않다. 늘 다짐은 하지만 소홀했다면 지금 안부를 전하고 지금 사랑을 표현하자. 의무가 아니라 내 안에 있는 사랑의 본능으로….

　좋은 것이 있으면 생각나고 맛있는 것을 먹을 때 생각나고 좋은 곳을 가면 생각나는 사람, 자주 연락드리지 못해도, 자주 만나 뵙지 못해도 살아계시는 그 자체만으로도 정말 큰 위로가 되고 의지가 되는 사람, 빛바랜 사진 속이나 흐릿해진 추억 속에서도 여전히 사랑해 주시는 사람. 바로 부모이다. 우리가 태어날 때의 모습을 보는 것은 부모의 몫이지만 부모의 마지막 모습을 보는 것은 자녀의 몫이다. 마지막 모습을 보게 된다는 것을 잊지 말고 한없는 사랑 받은 만큼 사랑하자.

우린 반드시 사랑해야 한다.

 2) 자녀와의 사랑 : 최고의 선물

　'내리사랑', 사랑 중에 최고라 말할 수 있지 않을까.

인간이 태어나 가장 큰 사랑의 연결고리를 가지게 되는 두 존재가 있다. 하나는 부모이며 다른 하나는 자녀이다. 이렇게 가장 큰 사랑을 교감하는 대상 중 하나인 부모가 돌아가시면 땅에 묻고 자녀가 하늘나라로 가면 가슴에 묻는다는 말이 있을 만큼 자녀에게로 사랑은 그 어떤 사랑과도 비교가 불가하다. 자신에게서 생명이 탄생하는 경험은 인간이 경험할 수 있는 가장 신비로운 일이 아닐까 생각한다. 세상에 존재하지 않던 한 생명이 나로부터 빛을 보게 되었으니 이의 책임감과 무한한 사랑은 본능적으로 샘솟는다.

아이의 첫 울음소리에 어디서도 경험할 수 없는 가슴 벅찬 감동은 눈시울을 적시게 한다. 혼자서는 아무것도 할 수 없는 아이는 포근하게 안아서 배를 채워주기만 하면 세상에서 가장 밝은 표정으로 하루 종일 꿈나라 여행을 다닌다. 씰룩씰룩거리기라도 하면 부모의 감춰진 사랑의 표정이 기적처럼 표출된다. 눈에 넣어도 전혀 아프지 않을 존재와 실제로 대면한 부모는 하루 종일 안고 있어도 힘들지 않으며 보고 또 봐도 보고 싶은 마음을 처음으로 느껴 본다. 분명 온 마음과 가슴으로 안고 있는데 안아 주고 싶은 마음이 남아 있다. 이 작은 존재를 나의 작은 가슴으로 안고 있는데 우주를 품에 안은 기분을 느낀다. 작은 심장이 뛰는 콩닥거림이 전해져 올 때의 감동은 잊을 수 없으며 내 두 눈으로 가까이, 또렷이 보고 있는데도 더 보고 싶은 마음이 간절하다. 정말 눈에 넣어도 아프지 않을 만큼 보고 싶다. 백옥처럼 뽀얀 피부, 보들보들 토실토실 인형 같은 몸, 싱긋 웃는 예쁨, 따라만 해도 재밌는 말더듬까지 장착한 아이는 그저 사랑스러운 존재이다. 나로 하여금 절대로 남이 될 수 없는 세상 유일한 존재가 태어났다. 그래서 세상 그 어떤 사랑보다 진하고 강하며 아름답다. 이렇게 사랑할 수도 있구나.

그런데 여기서 더 큰 사랑을 받게 된다는 것을 알아야 한다. 부모는 자녀를 양육할 때 새벽에 배가 고프다고 우는 아이를 견디기 어려워하기도 하고 자신의 부족한 성품 때문에 아이에게 본의 아니게 상처를 주기도 한다. 그리고 자신의 처한 환경에서 아이에게 스트레스를 해소해 버리기도 한다. 안타깝지만 나약한 부모는 이런 이중적인 태도를 보이고 만다. 하지만 자녀를 보라.

아이가 부모를 사랑하는 마음을 보라. 온 몸을 던져 나를 사랑하는 아이를 보라. 아이는 부모의 부유함과 빈곤함을 사랑의 조건에 포함시키지 않는다. 아이는 부모의 인격과 성품을 판단하지 않는다. 자신이 피곤해서, 다른 일로 화가 나서, 답답하고 힘겨워서 자녀를 소홀히 대하고 말도 못 알아듣는 아이를 혼내더라도 그 아이는 부모를 사랑한다. 부모가 아무리 미워해도 부모의 품에 안기며 부모가 아무리 나쁘게 대해도 부모 곁을 떠나지 않는다. 자녀는 그저 부모가 미안해서 눈물조차 흘릴 수 없을 만큼 부모를 사랑한다.

　자녀는 성장하면서 자신의 감정을 더욱 솔직하고 적극적으로 표현한다. 사랑한다고 안아 주고 볼에 뽀뽀하고 곁에 없으면 애절한 목소리로 찾는다. 심지어 부모가 힘들어할 때 어떻게 알고는 위로도 해 준다. 부모는 많이 해주지 못해 미안해할 때 자녀는 웃으며 자기가 크면 다 해 줄 거라 말한다.

　양치질하고 있는 부모를 찾아와 굳이 옆에서 같이 하고 싶다고 조른 후 싱긋 웃으며 아빠를 따라 서툴게라도 양치질을 하는 자녀의 추억이 있는가? 현관문을 열고 제일 먼저 부모를 찾고 웃으며 달려와 안기는 자녀의 추억이 있는가? 삶의 스트레스로 이런저런 고민에 빠져 있을 때 나도 모르게 표정이 좋지 않았는지 물끄러미 바라보던 자녀가 "아빠, 힘들어?"라고 위로해 준 추억이 있는가? 아주 작은 잘못, 그래 잘못도 아니다. 그저 부모의 마음이 여유를 잃어 얼마든지 실수할 수 있는 자녀를 잘못했다고 혼을 내 주고 오히려 속좁은 부모가 토라져 있는데 뒤에 와서 꼬옥 안아 주며 자신이 잘못했다고 미안하다고 달래주는 사랑을 받아본 적이 있는가? 삐뚤삐뚤 조막손으로 "사랑해요."라고 쓴 메모지를 책상에서 발견한 후 감동하여 그 사랑 받아도 되는지 가슴 깊이 울어본 적이 있는가? 외롭고 힘든 순간이 닥쳤을 때 조그마한 손으로 볼을 어루만져 주는 자녀로 미소를 다시 찾고 희망을 얻은 적이 있는가? 그 온기가 세상을 이길 힘을 주고 있음을 느껴본 적이 있는가? 이런 자녀가 세상모르고 팔다리를 편히 쭉 펴고 행복하게 잠든 모습을 바라만 봐도 사랑이 샘솟는 경험을 해 본 적 있는가? 부모가 어떤 사람이고 누구이며 얼마나 부유한지 전혀 상관하지 않는 자녀는 오직 부모가 곁에 있다는 것만으로 세상을 다 가진 사람처럼 행복하게 살아간다. 이런 자녀를 키우는 데 따르는 대가와 수고정도는 기쁨으로 할 수 있지 않을까?

　자녀는 점점 성장하면서 최고의 인생 친구이자 동반자가 되어 준다. 자녀를 양육해야 하는 책임감 때문에라도 모든 것을 함께 한다. 인생을 사는 동안 가장 오랜 시간을 함께 보내는 존재가 자녀이다. 우리 자신이 어린 시절 부모와 함께 한 시간은 기억의 저편에 가려 사진 몇 장을 보며 겨우 회상하지만, 우리가 자녀를 키울 땐 자녀와의 추억이 생생한 기억으로 남겨진다. 여행지는 해마다 발전하여 부모 역시 자녀와 처음으로 많은 것을 경험하며 추억을 쌓는다. 때론 자녀보다 부모가 더 즐겁고 행복한 시간을 누리기도 한다. 인간으로 태어나 할 수 있는 일 중 가장 행복한 것이 무엇일까? 사랑하는 사람과 아름답고 예쁜 곳으로 여행을 떠나고 맛있는 음식을 먹으며 행복을 나누는 것이 아닐까? 아직은 지구라는 행성에 갇혀 있는 인간이 이보다 더 무엇을 할 수 있을까? 생명을 살리고 인권을 수호하며 역사를 올바른 방향으로 바꾸는 위대한 일들도 인간이 할 수 있는 가치 있는 일이지만 이런 일들을 자신의 모든 것을 바쳐서 하는 이유는 더 많은 사람이 행복하게 살기를 바라는 마음 아니겠는가. 한 사람 한 사람이 행복하게 사는 것이 궁극적인 목표이며 이를 달성한다면 씨앗이 자라 꽃을 피우고 열매를 맺는 과업을 달성하는 일, 그 이상의 할 일이 없듯 인간 역시 행복하게 산다면 모든 것을 이룬 것이 아닐까?
　이렇게 함께 보내는 시간만큼 서로를 더욱 잘 이해하고 서로에게 가장 소중한 사람이 되어 간다. 추억의 대부분을 공유하게 되는 자녀와의 사랑은 무엇과도 비교할 수 없으며 생명조차 아깝지 않을 만큼 사랑하게 된다. 이런 사랑을 주고받으니 세상이 주는 그 어떤 고난도 웃으며 극복할 수 있고 행복한 마음이 몸과 마음을 건강하게 지켜 준다. 어디 이뿐인가, 살아갈 희망과 용기와 힘을 안겨 주며 부모가 힘을 잃었을 때 오히려 자녀가 큰 나무가 되어 곁을 지켜 준다. 자신이 처한 환경은 아랑곳하지 않고 해맑은 미소로 부모 곁을 지켜 주는 자녀, 그런 자녀가 있어 살아갈 용기와 힘을 얻고 세상을 이겨낼 수 있다. 세상에 존재하지 않았던 생명체가 나로 말미암아 세상에 태어났고 모든 것을 채워줘야 하는 존재인 줄로만 알았던 자녀로부터 가장 소중한 사랑을 받는다. 이런 사랑을 하지 못한다면 인간이 이 세상을 살아갈 수 있을까?

혹시 자녀와의 사랑이 온전하지 못했는가? 자녀가 성장해서 성인이 되면 부모와 자녀 간의 사랑에 또 한 번의 전환점을 맞이할 수 있다. 자녀가 성장할 때 부모의 마음을 아프게 했다면 그 자녀가 세상과 부딪히며 깨닫고 자신이 가정을 이뤄 자녀를 낳고 길러 보며 부모의 마음을 알게 되는 시점이 온다. 바로 그때가 사랑이 회복될 수 있는 기회이다. 그저 원망만 했고 불평과 불만의 대상이었던 부모님께 죄송한 마음과 미안한 마음을 전할 길이 없음을 깨닫는다. 철없던 자신의 말과 행동을 반성하고 사랑을 회복하는 기회를 얻게 된다. 두 번째의 전환점은 부모가 키를 들고 있다. 자녀의 소중함을 모른 채 일과 자신의 취미 생활에만 전념했던 부모, 가정과 자녀에게 소홀했던 부모, 자신의 부족함 때문에 잘 키우지 못한 미안함을 뒤늦게 깨닫고 자녀에게 다시 한번 사랑의 마음을 깊이 느끼기도 한다. 자녀를 키울 때에는 바쁘고 정신없이 힘들어 소중한 것을 놓치고 살았지만, 자신의 삶을 돌아볼 여유가 생기고 그럴 기회가 주어졌을 때 인생은 훌륭한 교사가 되어 부모에게 많은 것을 깨닫게 해 준다. 이런 과정을 통해 평생 동안 풀리지 않았던 부모와 자녀 사이의 오해와 갈등이 서로의 인생을 이해하게 되면서 온전한 사랑의 자리로 돌아가게 되기도 한다. 이 얼마나 아름다운 순간인가?

나를 참교육 시켜주었고 나에게 온전한 사랑이 뭔지 알려주었으며 나를 가장 많이 웃게 해 준 사람, 내 모든 걸 다 주어도 아깝지 않을 자녀가 우리의 품을 떠나기 전까지 줄 수 있는 그 이상의 사랑을 주고 자녀가 스스로의 삶을 살아갈 때 든든한 사랑의 버팀목이 되어 주면 어떨까.

우린 반드시 사랑해야 한다.

2. 타자와의 사랑

Episode 1. 첫사랑

　제법 차가운 공기가 옷 속을 파고든다. 버스 뒷자리에선 엔진 속의 메케한 냄새가 현기증을 유발하기도 하지만 추운 겨울 약간의 온기를 느낄 수 있는 곳이기도 하다. 한쪽 어깨에 멘 가방은 몸의 균형을 한쪽으로 완전히 무너뜨릴 만큼 무겁다. 시간표에 있는 모든 책과 노트 그리고 도시락도 2개나 담겨 있다. 만원 버스에 시달려야 하는 학교 가는 길이 즐거울 리 없을 때 서진을 한없이 가볍게 해 주는 사람이 있다.

　버스 문이 열리고 서진이가 내린다. 아직 학교에 도착하려면 한참을 더 가야 하는데 내린다. 상가 입구 쪽에 서서 701번 버스를 주시한다. 좌회전을 해서 오는 버스의 가운데 자리, 늘 그 자리를 응시하고 있다. 일반 버스가 아닌 좌석 버스였기에 앉아 있는 사람을 더욱 빠르게 볼 수 있다. 시계를 보며 버스 도착 시간을 확인한다. 출근 시간이라 도착 시간이 조금씩 차이가 난다. 기다리는 버스가 와도 그 자리에 앉은 그녀가 보이지 않으면 타지 않는다. 지각을 하더라도.

　'아, 있다.' 버스 유리창에 비친 그녀의 모습은 언제나 서진이를 미소 짓게 한다. 다른 사람들이 먼저 차에 오르고 난 후 마지막으로 천천히 버스에 오른다. 절대 시선을 들키면 안 된다. 난 학교를 가기 위해 이 버스를 타야 해서 타는 것일 뿐이다. 좌석 버스는 일반 버스에 비해 요금도 2배나 비싸지만, 그녀와 같은 공간에 있을 수만 있다면 아깝지 않다. 비싼 요금을 내도 출근 시간이라 서서 갈 때가 많은데 오히려 더 좋다. 버스 맨 뒷자리는 높아서 그나마 다행이지만 다른 자리에 앉으면 그녀의 뒷모습도 보기 어렵다. 좌석 버스는 통로가 좁아 앞쪽에서 서서 가야 하는데 사람이 많으면 버스 앞쪽에 서 있을 수밖에 없으며, 앉아 있는 그녀를 자연스럽게 볼 수 있다. 그런 날은 정말 기분이 날아갈 것처럼 좋다. 하지만 그녀를 많이 보진 못한다. 아주 가끔 전혀 티가 안 나게 혼자 연기를 하며 창밖을 바라보고 앉아 있는 그녀를 휘리릭 바라본다. 그녀가 창가를 주시하고 있을 때 조금 더 자세히 그녀의 모습을 본다. 이마저도 들킬까 봐 가슴 조이며 재빨리 다른 곳으로 눈을 돌린다.

　서진이는 아침 등굣길에 꼭 해야 하는 과제처럼 그 버스를 탄다. 가끔 서진이가 늦거나 그녀가 일찍 앞차를 타고 등교해서 만나지 못하는 날이면 땅이 꺼지듯 한숨이 나오며 학교 가는 길이 조금도 행복하지 않게 된다. 그녀가 탄 버스를 함께 타고 등교한 날이면 하루가 정말 행복하다. 서진이는 그녀와 함께 등교해서 행복하고 행복하기 위해서 그녀가 탄 버스를 그토록 간절하게 탔다. 새벽부터 일어나 야간 자율학습까지 억지로 해야 하는 학교를 어느 누가 즐겁게 다닐 수 있을까. 꽃다운 청소년 시기에 꽉 막힌 교실에서 똑같은 교육을 주입식으로 배워야 하고 외워야 한다. 하고 싶은 것들은 모두 잊고 가만히 앉아 왜 해야 하는지도 모른 채 공부만 강요받는다. 성적으로 사람을 평가하고 성적만을 중요하게 여기는 학교와 사회를 견딜 수 있게 해 준 그녀.

　말 한마디 제대로 걸어 보지 못한 채 그렇게 바라보는 것이 최선이었지만 서진이는 그것만으로도 충분히 좋았다. 길을 지나다가 우연히 아름답고 신비로운 꽃을 발견한다면 어떻게 하겠는가? 당장 꺾어 집으로 가지고 가겠는가? 시간이 허락하는 동안 잠시 머물러 그 꽃이 주는 향과 아름다움에 행복해 하고 내일도 그 자리에 있기를 바라는 마음, 그런 마음이 아닐까. 매일 그 꽃이 여전히 피어 있을지 궁금해서 달려가고 조금이라도 더 오래 보고 싶어 달려가고. 소유하려는 마음은 머리와 마음 어디에서도 상상조차 할 수 없다. 그렇게 좋아하는 마음만으로 바라본다.

Episode 2. 가장 행복했던 일주일

서진이는 넉넉하지 않은 용돈으로 고르고 고른 편지지를 산다. 시집과 몇 권의 책에서 좋은 글귀를 가져다 편지지에 정성껏 쓴다. 그 편지는 얼마나 가방 안에 있었는지 모른다. 그러다 어느 날 용기를 내어 편지를 건넨 후 그녀가 반응도 하기 전에 뒤돌아서 빠르게 걷는다. 온몸에 전율이 오는 것 같은 기분을 느끼며 그녀의 모습을 상상으로 그려 본다. 해냈다는 만족감에 기쁨이 넘쳐흐른다. 그렇게 마음을 전했을 뿐인데 좋은 마음을 주체하지 못한다.

얼마 후 그녀가 갑자기 서진이를 불러 세우고는 답장을 준다. 편지만 주고 왜 그냥 갔냐, 편지 잘 읽었다는 등의 이야기는 메아리치듯 들렸고 마음을 전한 것으로도 충분히 행복했던 서진이는 어안이 벙벙해졌다. 서진이는 그렇게 별말도 이어가지 못한 채 편지를 가슴에 품고 집으로 향했다. 밀봉되어 있는 겉봉투를 뜯는 것조차 아까워서 한참을 들고 있다. 예쁜 글씨체가 가지런히 쓰인 봉투만 보아도 행복했다. 그렇게 잠이 든 서진이는 다음 날 용기를 내어 편지를 꺼내 읽었다.

'… 와악…으악… 아…….'

소리도 나오지 않을 만큼 기쁜 몸부림이 터져 나왔다.

"네 편지 잘 읽었어……. 이번 주 토요일에 뭐하니? 영화 볼래?"

서진이는 매일 깊은 고민에 빠졌다. '뭘 입지? 무슨 영화를 봐야 하지? 식당은 어디가 좋지? 돈은 얼마나 있나?' 뭐 하나 마음에 딱 맞는 것이 없지만 살면서 이렇게 행복하게 일주일을 보낸 적이 있었던가? 늘 다니던 평범한 길을 놀이동산에 온 것처럼 달리고 보이는 모든 것들은 어제와 다를 바 없는데 한없이 아름다워 보인다. 냄새가 진동하는 쓰레기 더미조차 너그러운 미소로 용납해 준다.

드디어 기다리고 기다리던 어느 토요일 오후 14시. 영화 티켓은 예매해 두었고 함께 갈 식당도 알아놨으니 행복한 시간을 함께 보내기만 하면 된다. 만남의 장소로 유명한 시내 한 장소에 서서 사방을 둘러보며 첫 마디를 연습한다.

'어, 왔어?' 아니지, '소연아, 여기야.' 너무 평범한가?…. '오늘 옷 예쁜데' 아 그건 아니지…. 시간은 흘러 약속 시간이 다가왔고 1시간처럼 안 가는 1분, 1분이 지나 드디어 저 멀리에서 그녀가 오고 있다. 그녀 역시 수줍은 표정과 발걸음으로 서진이에게 천천히 다가왔다.

시간은 흘러 많은 것이 변했다. 아니 모든 것이 변했다. 세상은 보낸 세월만큼 우리에게 많은 것을 경험시켜 준다. 힘겨운 날도 있지만 서준이는 건강한 마음으로 잘 이겨 낸다. 소중하고 아름다운 추억이 마음속에 생생하게 담겨 있기에…. 문득 생각날 때마다, 추억이 떠오를 때마다 입가에 고운 미소를 선물한다.

1) 아름다운 사랑

　세상은 고요해 보이지만 차갑고 냉정하며 혼자 맞서기에 쉽지 않은 상대임을 경험하게 된다. 험난한 세상을 혼자 살아가기 쉽지 않음을 본능적으로 아는 우리는 함께 하려는 의지가 강해진다. 인류는 공동체를 이루지 않았다면 멸종하였을 것이다. 혼자가 아닌 둘이 서로 힘을 모아 우리의 본능을 무사히 해결한다. 자녀를 낳고 키우며 서로에게 힘이 되어 주어진 삶을 무사히 잘 살 수 있도록 협력한다. 이 세상은 사막 한가운데에 홀로 서 있는 것과 같은 외로움을 선사하기도 하고 고요하다가도 순식간에 폭풍을 몰고 오기도 하는데 그때 서로가 함께 하기에 잘 이겨낼 수 있다. 녹록지 않게 시작하는 인생을 견딜 수 있는 것은 바로 사랑이 있기 때문이 아닐까? 서로 다른 환경에서 살아온 두 사람이 마음의 문을 서서히 열고 호감을 가지며 행복을 서로에게 선사하는 그 사랑의 에너지는 건조하고 냉혹한 세상의 현실을 잘 이겨 내고 살아갈 수 있게 해 준다. 그리고 이 둘은 최고의 파트너가 되어 함께 여행을 하며 기쁨을 나누고 맛있는 것을 먹으러 다니며 소소한 일상 가운데 행복을 만들어 내기도 한다. 인생의 동반자가 되어 주는 것이다. 특별할 것 없는 하루하루가 반복될 때 서로의 생일을 축하해 주고 둘만의 기념일을 만들어 멋진 하루를 보내고 마음을 담은 손 편지로 서로의 사랑을 전할 때 인생은 아름답게 변화한다. 각자의 삶을 살아온 두 사람이 만나 두 손 꼭 잡고 인생 마지막 순간까지 곁에서 서로 함께 하겠다는 비장한 각오를 하는 사랑은 인생에서 가장 극적인 순간이 아닐까. 그리고 사랑하는 두 사람이 서로 눈을 마주 보면 신비로운 마법에 걸려 우주 속으로 빨려 들어가는 느낌을 받는다. 바라만 봐도 행복하고 생각만 해도 기쁨이 넘치게 하는 것이 사랑이다.

　인생의 희로애락을 함께 한다는 것이 무엇일까? 오랜 친구의 소중함은 바로 인생의 사생동고(死生同苦)를 함께 했기 때문일 것이다. 그러면 일상을 함께 보내는 가족이 된 사랑하는 사람은 부모, 자녀 그 누구보다 오랜 시간을 함께 한다. 부모와 자녀는 대부분 20년 남짓 함께 산 후 각자의 삶을 살아가지만, 부부는 100세 시대에 6~70년 함께 살아간다. 압도적으로 함께 보낸 시간이 많은 사람만이 주는 감동을 깊이 숙고해 보라. 젊은 시절 불꽃 같은 사랑을 나누고 함께 주름이 늘어가는 것을 지켜보며 안쓰러워했던 사람이 여전히 내 곁에서 함께 하겠다는 약속을 지키고 있다. 이 사랑의 무게는 그 무엇과도 견줄 수 없을 것이다. 이 사랑은 서로의 노력이 필수적이기 때문이다. 이기적인 마음, 선입견과 편견, 타고난 성격, 후천적 성격들을 끊임없이 다듬는 혼자만의 씨름을 해야 하며 배려와 긍휼, 희생과 헌신으로 상대를 사랑해야 가능하다. 인간으로 태어나 이렇게 사랑하는 것이 어려운데 한 사람만의 노력으로는 불가능하다. 둘 다 이런 노력을 해야 진정한 사랑이 완성된다. 이러하니 이 사랑이 얼마나 고귀하고 아름다운가.

함께 다니는 너구리를 본 적이 있다. 처음에는 한 마리만이 보였다. 그냥 너구리가 서성이고 있었고 쉽게 마주할 수 없는 장면이었기에 너구리의 행동을 유심히 보는 정도였다. 그때 다른 한 마리가 등장했는데 '아, 함께 다니는구나.'하는 생각에 저절로 미소가 지어졌고 두 마리가 함께 다니는 모습이 어찌나 아름답고 귀여운지 한참을 지켜본 경험이 있다. 혼자 살아가기 힘든 인간 또한 어떠하겠는가? 혼자 캠핑을 하고 영화를 보며 살아가는 것을 오히려 즐기고 혼자만의 낭만과 즐거움을 만끽하며 사는 순간도 필요하고 그렇게 살아가는 이들이 점점 많아지고 있다. 혼자 살아가는 것과 함께 살아가는 것은 환경, 성향과 성격, 가치관에 따라 다른 것이지 옳고 그름의 문제는 아니다. 하지만 정말 홀로 살아가는 것을 원하고 함께 살아갈 수 있는 환경이 주어졌음에도 혼자 살아가는 것을 택하는 사람은 소수에 불과할 것이다. 대부분은 혼자 살아갈 것을 선택한 것보다 성장 환경, 경제적 환경 등 여러 조건에서 홀로 살아가야 하는 상황에 놓이게 되었고 그 환경에서 최선을 다하는 것이 아닐까? 모든 생명체는 주어진 환경에서 최선을 다해 살아가는 본능이 있기 때문이다. 절벽에서 바위 틈을 뚫고 뿌리를 내려 생명을 이어가는 나무처럼, 인간 역시 어떠한 환경에서 태어나더라도 그 안에서 행복을 찾고 열심히 주어진 삶을 살아가는 것이다.

　인생에서 가장 아름다운 시절 가슴 설레게 하는 사랑, 어디에 피든 아름다운 꽃과 같은 우리의 사랑, 우주보다 빛나며 은하수보다 아름답지 않은가? 오랜 세월 서로 의지하고 믿으며 서로의 부족함을 채워 주고 온갖 어려움을 함께 이겨낸 사랑, 이 사랑은 숭고하기까지 하다. 이런 사랑, 해야 할 가치가 넘치도록 충분하지 않은가? 기쁨을 나누면 배가 되고 슬픔을 나누면 반이 된다는 말처럼 함께 한다는 것은 정말 중요한 일이다. 중요한 정도를 넘어 완전하지 못한 존재이기에 누군가의 도움이 항상 필요하며 결코 홀로 살아갈 수 없다.

　그러므로 우리에게 가장 필요하고 절실한 사랑, 아름답게 하며 살아가야 한다. 다소 부족하고 서투르다고 해도 따뜻한 마음으로 서로를 사랑해 주는 사람을 만나고 그렇게 사랑하자. 뭐 특별할 것 없는 생존 본능에서 생기는 마음이라 해도 그것에 충실하면 된다. 왜냐하면 우린 이미 사랑해야 살아갈 수 있는 존재이기 때문이다. 인생의 마지막 순간까지 서로를 아끼고 보호하고 의지하며 사랑하는 삶을 모든 이들이 누리길 바란다. '님아, 그 강을 건너지 마오'에서 소개된 노부부의 모습은 소박하고 평범하지만 참사랑의 깊은 감동을 주었으며 아름다운 삶이 무엇인지를 깊이 묵상할 수 있게 해 주었다. 조선시대에 기록으로 전해 내려오는 한 부부의 일기에서도 행복한 부부가 '남들도 우리처럼 살까?' 하며 자신들의 행복을 글로 남겼다. 이처럼 사랑은 세상을 아름답게 할 뿐 아니라 인생을 행복하게 하며 사람을 가장 사람답게 만든다.

　젊은 시절의 아름다운 외모는 세월의 흐름에 순종하여 사라지지만 백발이 되고 주름도 많은 한 노인이 힘겨워 졸고 있더라도 세상에 오직 한 사람, 그 사람의 영혼과 마음이 사랑스럽고 또 사랑하기에 얼마 남지 않은 인생이 가슴 저리도록 행복하다.

　영원한 사랑이 아니면 어떠한가, 이별이 생각보다 아프더라도 그 아픔까지도 사랑이다. 이별의 아픔, 특히 이별을 당하는 아픔은 견디기 어려울 만큼 괴롭고 아프다. 하지만 이것을 명심하라. 아픈 만큼 정말 사랑한 것이다. 누군가를 진심으로 사랑하지 않으면 이별이 아플 수 없다. 그러므로 이별이 아프다면 진심으로 사랑한 것이며 그런 사랑을 할 수 있는 당신은 아름다운 사랑을 할 수 있는 능력을 가진 소중한 사람인 것이다. 그러니 형용할 수 없을 만큼 힘들고 어려워도 당신이 진정한 사랑을 할 수 있다는 증거를 얻은 셈이므로 기뻐하길 바란다. 그리고 그 아픔과 고통의 시간을 사랑으로 잘 회복시키길 바란다. 증오와 미움과 불신, 복수심으로 채워 버린다면 다시는 사랑할 수 없게 될 것이다. 물론 진정한 사랑을 한 사람은 그런 마음으로 채우지 못하지만….

 또 이별의 아픔은 서로를 더욱 성숙하게 만들어 주는 인생의 조련사이며 그 훈련 과정을 통해 긴 여정을 함께 할 진정한 동반자를 잘 선택할 수 있게 된다. 또한 아름다운 사랑의 추억은 평생 간직되어 진정한 사랑을 할 수 있게 해 주는 원동력이 되어 준다. 하루를 사랑하기에 딱 알맞은 사람도 있을 것이고 그 사람에게 순간 반할 수도 있는 것이다. 한 달을 함께 지내면 좋을 사람, 일 년을 함께 지내면 좋을 사람…. 사람마다 다르다. 음식 중에도 처음에는 맛이 없는데 시간이 갈수록 건강에도 좋고 맛도 좋은 음식이 있고 처음에는 맛있는데 금방 상해 버리는 음식도 있지 않은가? 사람 역시 시간이 지나보지 않았는데 어찌 쉽게 판단할 수 있으랴. 그러니 사랑을 신중하게 선택해야 하겠지만 지나치게 두려워만 해서는 안 될 것이다. 사람을 잘 선택하기 위해 스스로가 선한 마음으로 올바른 삶을 살아가야 할 것이다. 그러면 선한 향기에 이끌리거나 선한 향기에 이끌려 다가오는 선한 사람을 만나게 될 것이다. 그리고 마지막으로 사랑은 아무런 노력 없이는 결코 완성되지 않음을 기억해야 한다. 성격과 취미와 성향이 아무리 유사해도, 유사하기 때문에 발생하는 문제들이 있다. 타인을 배려하고 사랑할 줄 아는 선한 마음을 간직하고 아름답게 키워 나간다면 짧은 인생이지만 빛과 같이 행복하게 살 수 있으리라.

 혼자 하는 사랑, 소위 짝사랑이라고 부르는 사랑은 누구나 한 번쯤의 경험이 있을 것이다. 슬픈 사랑인가? 이루어지지 않은 사랑은 사랑이 아닌가? 사랑하는 사람이 있어 설레고 행복한 상상을 하며 웃는다. 그 사람이 있는 공간 안에만 있어도 세상을 다 얻은 것 같은 기분에 사로잡힌다. 당신을 이런 상태로 만들어 줄 수 있는 사람이 또 어디에 있는가? 이런 기분을 그 사람이 아니라면 어떻게 경험하겠는가? 누군가에게 호감을 갖고 홀로 사랑에 빠질 수 있는 것, 그 자체가 행복이다. 오히려 그런 사랑도 못 하는 사람이 이 세상을 참으로 무미건조하게 살아가는 것이며 행복과 멀어져 있는 삶을 버티는 것이다. 유명 연예인들과 스포츠 스타와 사랑에 빠지는 것, 그 짝사랑이 한 개인의 삶에 얼마나 많은 에너지를 주는지 생각해 보라. 열광할 수 있는 대상이 있는 것만으로도 우리의 삶은 풍성해진다. 전심으로 사랑할 대상이 있는 것만으로도 그 기간 동안의 삶은 충분히 아름답다. 또한 타인으로 이별의 아픔도 없으며 서로 알아가다 알게 되는 상대의 실망도 없다. 물론 자신의 부족한 부분으로 따르는 실망감도 주지 않는다. 사랑은 이루기 위해, 소유하기 위해 하는 것이 아니다. 사랑은 할 수밖에 없기 때문에 하며 사랑해야 하므로 하는 것이다.

  이 세상을 천국으로 바꿔 주는 마법 같은 사랑, 아름답게 준비해서 행복하게 만끽하며 살아가길 진심으로 응원한다.
우린 반드시 사랑해야 한다.

2) 우정

어린 시절 최고의 친구는 동생이었다. 함께 자전거를 타고 이곳저곳을 누볐다. 자전거와 동생만 있다면 아무것도 부럽지 않았다. 마음 가는 곳으로 어디든 함께 다녔다. 나는 따라오는 동생을 돌아보며 미소 짓고 동생은 작은 자전거로 최선을 다해 형을 따른다. 신기한 장소나 호기심을 자극하는 것을 보면 자전거를 세워 두고 한참을 구경한다. 그렇게 시간 가는 줄 모르고 즐거운 시간을 보낸다. 그렇게 외로움과 심심함은 들어올 틈이 없었다. 그렇게 보낸 행복의 추억은 그 순간을 기쁘게도 했지만, 나의 기억에 남아 행복한 에너지를 끊임없이 준다.

형제, 자매, 남매의 인연으로 살아가는 이들은 같은 부모, 동일한 환경 속에서 같은 추억을 공유하며 성장했다. 모든 것을 편하게 나눌 수 있는 관계인 것이다. 성장하면서 나이 차이, 가족 문화, 부모의 양육 방식, 성별 차이, 종교, 가치관 등의 이유로 생각보다 많은 사람이 남남처럼 살아간다. 부모, 자녀 다음으로 소중한 관계를 잃고 살아가는 것이다. 정말 안타까운 일이며 반드시 회복해야 할 과제이다. 같은 부모의 유전자를 물려받았다는 것 뿐만 아니라 그 어떤 타인들과도 비교할 수 없는 추억을 공유하고 있는 사람이며 가족이라는 울타리 안에 함께 있었던 사람이다. 오랜 시간을 함께 지냈기에 서로의 신뢰와 사랑의 감정은 자연스럽게 형성되었어야 한다. 여러 이유들로 서로에게 소원해졌는가? 가장 어려울 때 아무런 말없이, 그 어떤 보상도 원하지 않고 도와줄 수 있는 사람이 있다면 바로 가족이다. 표현하지 않아도 서로를 걱정해 주고 무심한 것 같이 행동하지만 사실 가장 가까이에서 그늘이 되어 준다. 서로의 가족을 자신의 가족처럼 대하고 아낌없이 나누어 주는 형제, 자매, 남매. 이 사랑의 관계를 아름답게 그려가길 바라고 사랑을 회복하기를 응원한다.

그리고 인생을 사는 동안 좋은 사람들과의 만남도 있다. 유년 시절부터 끊임없이 여러 사회생활을 통해 만나게 되는 수많은 사람 중 깊은 우정을 나누고 삶의 동반자가 되는 사람도 만나게 된다. 오랜 시간을 함께 보내지 않았지만 서로가 잘 통하고 취미나 가치관이 비슷하여 마음 편히 만날 수 있고 성품도 좋아 신뢰와 믿음이 가는 사람을 가끔 만난다. 그렇다. 우린 이런 사람을 자주, 많이 만날 수 없다. 정말 인생에서 몇 명이나 만날까?

초등학교 고학년이 되면서 서서히 우정을 깊이 느끼고 나누게 된다. 함께 운동도 하고 같은 반, 같은 학원을 다니며 온종일 붙어 다닌다. 주말이면 늘 함께 어울리고 여기저기를 돌아다니며 호기심을 채워 나간다. 부모끼리도 알게 되어 캠핑이나 여행을 함께 하기도 한다. 중, 고등학교 시절의 친구는 더욱 소중하게 느껴진다. 사춘기를 겪으면서 서로에게 더욱 의지하게 되는 시기이며 부모님, 선생님 등 어른들과 편하게 얘기할 수 없는 자신들만의 고민과 속마음을 털어놓으며 우정을 쌓아간다. 활동력, 좋아하는 것, 취미 등이 비슷한 또래 친구는 성장하는 시기에 그 무엇으로도 대체할 수 없는 존재이다. 친구들과 함께 어울려 바람을 가르며 자전거를 타고 용돈을 이리저리 모아 여행도 가는 즐거움은 인생을 더욱 풍요롭게 만들어 준다. 어릴 적 친구일수록 경제력, 학습 능력, 직업 등의 차이가 전혀 문제 될 것이 없기에 진정한 사람과 사람으로의 우정을 만들어 갈 수 있다. 그저 만나면 즐겁고 함께 웃으며 이 세상을 같이 알아간다. 서로 의견이나 생각이 달라 다툼이 일어나도 금방 화해하고 언제 다퉜냐는 듯 다시 즐겁게 지낼 수 있는 시기이다. 이것이 친구이며, 외롭고 험난할 수 있는 세상을 살아감에 있어 참으로 소중한 존재이다. 그러므로 그 소중함을 알고 서로가 서로에게 성심껏 대하고 관계가 끊어지지 않도록 노력해야 한다.

문득 생각났다고 연락해 안부를 묻고 갑자기 보고 싶어서 연락을 해 본 적이 있는가? 그런 연락을 받아 본 적은 있는가? 짧은 연락이지만 그 연락 하나로 인해 나의 하루, 일주일, 한 달이 얼마나 행복해졌는지 생각해본 적 있는가? 한 친구가 있었다. 갑자기 연락이 와서 내려가니 그 친구는 차에서 내리지도 않고 차 창문으로 딸기 한 박스를 건넸다.

"사는데 네 생각나서 하나 더 샀다. 일이 있어 바로 간다."

딸기를 받고 한참을 서서 친구의 차 뒷모습을 사라질 때까지 지켜보았고 그 후에도 그 자리에 서 있었다. 10년이 훌쩍 지난 이 한 번의 추억이 나의 마음에 사랑의 씨앗으로 남겨져 있다. 문득 떠오를 때면 가슴이 따뜻해지고 나의 정체성을 되새겨 주며 나의 삶을 대변해준다. 어려운 상황에 놓였을 때야 말로 진정한 우정을 가늠해 볼 수 있는 소중한 기회이다. 우정을 시험해서는 안 되지만 다행히도 우리의 삶은 우정을 가늠해 볼 시간을 제공해 준다. 삶을 포기하고 싶을 때, 한 치 앞도 보이지 않을 때, 내 옆에 있어 주는 사람이 있다면 우린 이 세상을 살아갈 힘을 얻는다. 사랑이 주는 생명이며 가장 소중한 선물이다.

　오랜 세월을 함께 한 친구는 진정으로 믿을 수 있고 나의 작은 하소연에도 귀 기울여 주고 만나면 편하고 행복한 사람이다. 가족의 인연이 아님에도 나의 모든 것을 알아주고 어려울 때 자신의 일처럼 생각해 주는 사람을 인생에서 만나고 우정을 이어간다면 얼마나 행복한가? 그런 친구를 만났다는 것이 얼마나 아름다운 일이며 우리의 삶을 멋지게 해주는가. 내가 누군가에게 그런 존재가 되어 준다면 이보다 더 보람되고 가치 있는 일이 어디 있겠는가.
　그리고 아주 훌륭한 친구가 아니면 어떠한가. 인생을 함께 한 친구가 아니면 어떠한가. 인생에서 어느 특정한 시기에 그 누구도 나의 이야기를 들어주는 사람 없을 때 내 곁에 있어 주었다면 그것만으로도 정말 감사한 친구가 아닌가. 우리 자신 역시 친구를 위해 그렇게 해 준 일이 있었는지 돌아보라. 참된 친구는 인생의 후반전으로 갈수록 다시는 만들 수 없는 존재임을 명심해야 한다.

　우리는 반드시 사랑해야 한다.

3. 세상과의 사랑

1) 종교와의 사랑 : 신과의 사랑

    철학자이자 심리학자로 하버드 대학교수였던 윌리엄 제임스는 "인간은 사실을 원하고 과학적 증명을 간절히 원하지만, 신비와 종교 또한 그보다 더 강렬하게 원하고 있다."라고 하였다. 그래서 "종교는 사라지지 않을 것이며 인류의 시작부터 종말까지 함께 할 것."이라고 하였다. 그렇다. 인간이 아무리 연구해도 지구조차 다 알지 못하고 있으니 과연 인간은 관측 가능한 우주를 확장시켜 나가 우주, 그 너머를 알 수 있게 될까? 우주의 시작의 비밀은 이론을 넘어 증명될 수 있을까? 인간은 지구의 마지막 순간에도 우주에서 생존할 것인가? 우주의 마지막 순간에는….

    인간은 현실, 현재를 살아가지만 알 수 없는 미래가 다가오는 것을 본능적으로 두려워한다. 인간은 자신이 완전히 소멸되어 우주를 이루는 입자로 사라지는 것을 부정하고 싶어 한다. 우리의 정신은 영원하길 바라고 영혼이 존재하여 우리의 모든 것이 영원하길 바란다. 이것은 모든 인간의 소망이자 바람이 아닐까? 이런 인간의 욕구를 그대로 채워 주는 것이 종교이며 그 필요에서 만들어진 수없이 많은 종교는 인간에게 살아갈 희망을 주고 소망을 선사한다. 어느 종교의 주장이 맞는지 우리가 죽은 후에 알 수가 있을까 싶지만 연약한 인간이 살아갈 수 있도록 돕는 부분이 분명 존재한다. 그런 의미에서 종교는 인간에게 필요하다. 여전히 종교는 증명의 영역이 아니라 믿음의 영역이기에 진실을 밝힐 수는 없지만, 인간의 삶을 위로하고 희망과 용기를 심어주는 역할은 잘 감당하고 있다. 오직 신께 자신의 모든 연약함을 있는 그대로 내어놓고 모든 근심 걱정, 염려, 희망 사항 등을 기도하고 나면 깊이 쌓인 한(限)까지 풀리는 시원함을 만끽한다. 간절하고 절박한 기도는 정신적 치유를 넘어 육체적 치유의 신비로운 경험까지 하게 한다. 새벽 아직 사람들이 잠든 시각, 그 고요함 속에서 경건한 마음을 이끌어 주는 종교시설 안에 겸손히 앉아 신께 모든 것을 말하고 나면 이후에 밀려오는 깊은 신앙심의 물결은 정신적 샤워를 마친 기분이다. 대답 없는 신 앞에 절망하고 간절한 소망이 전혀 이루어지지 않는다 해도 다른 방법이 없는 인간은 각자가 의지하는 신과 종교에 의지할 수밖에 없다. 그리고 그 힘으로 살아간다.

 만병은 생활 습관과 마음에서 시작된다고 했던가. 각 종교는 저마다 차이는 있지만 일정 부분 선한 마음과 태도를 교육하여 인간 사회에 유익을 준다. 사회적으로는 법과 규범이 닿지 않는 도덕적인 부분을 선함으로 채워 준다. 대종교들은 인간에게 최고의 양심 규범을 지키도록 권면하며 인간 사회에 중요한 정언적 명령을 교육하고 지도한다. 이를 통해 개인과 가정, 사회에 반드시 필요한 절대적 규범, 황금률을 요구하고 지켜지도록 영향력을 행사한다. 개인적으로는 마음의 안식과 의지할 대상을 통해 안정감을 제공한다. 세상 그 어디에도 의지할 곳 없는 이들에게는 생명을 이어갈 마지막 안식처가 되어 주기도 하며 삶의 이유를 찾기도 한다. 이 부분에서는 생명을 이어주는 매우 중요한 역할을 감당하고 있는 것이다.

 이렇게 유익한 신앙생활을 인간이 영위하는 것은, 인생을 살아갈 때 필수적인 요소까지는 아니지만 큰 도움을 받을 수 있다. 대신 자신이 접하게 된 종교를 통해 경험한 혜택과 이로움 그리고 고마운 마음에 지나친 신앙의 확신을 가지고 자신의 재산과 삶을 모두 바치는 극단적인 선택은 주의해야 한다. 더 위험한 것은 이들을 종교가 세뇌와 강요로 신앙의 노예로 만들어 버리는 것이다. 개인의 물질적인 헌신과 정신적-육체적 헌신은 모두 자발적으로 이루어져야 하며 개인은 항상 자신의 삶의 행복을 근간에 두고 종교에 헌신해야 함을 명심하길 바란다. 마라도나교를 보면 팬 3명이 1998년 10월에 창설해 전 세계 여러 나라로 퍼져 20년 만에 신자가 50만 명을 넘겼다고 한다. 아무래도 축구를 사랑하는 사람들이 모인 것이 아닐까 생각한다. '신의 손'이라는 논란의 골을 기록하기도 했지만, 인류가 만나 본 축구 선수 중 최고의 선수를 신으로 모시는 종교이다. 이 종교를 예를 들어 볼진대 모든 신자가 자발적으로 선택했다면 아무런 문제가 되지 않는다. 이들에게는 축구가 종교이자 국가이며 모든 것이다. 축구를 통해 삶의 이유를 찾고 행복을 얻으며 희망을 노래한다면 오히려 마라도나교가 50만 명의 사람에게 유익을 주는 것이다. 문제는 이 종교 집단이 개인의 삶의 자유를 억압하고 여러 종교적 규정들을 만들어 종교 집단의 이익을 위해 신자들의 삶과 행복을 착취하는 것이다. 종교가 아무리 신비의 영역이라지만 지나치게 비상식적인 주장으로 신자들을 세뇌하는 일은 바람직하지 못하며 그 주장과 세뇌되게 하는 내용이 종교 단체와 일부 종교인의 이익을 위해 이루어지지도 말아야 할 것이다.

또 한 가지 중요한 부분은 다양성에 대한 서로의 배려와 인정이다. 완벽한 단 하나의 보편적인 종교가 세계 모든 사람들을 믿게 만드는 것이 좋은 방법 같은가? 과연 그런 종교가 존재는 할까? 우리는 우리가 우물 안 개구리만도 못한 처지에 있다는 것을 잊어서는 안 된다. 수많은 사람들이 서로 다른 경험과 생각을 하고 있으며 그렇게 수 천 년을 살아왔다. 그러므로 우리 인간은 매우 다양한 존재이며 다른 생각을 하고 살아가는 게 지극히 자연스러운 것이다. 이를 명확하게 인식하고 안다면 단 하나의 종교가 모든 이들의 생각과 성향을 만족시킬 수 없다는 것을 깊이 숙고해야만 한다. 다른 종교의 존재자체를 거부하며 인정하려 하지 않고 오직 자신들의 종교만이 유일무이한 종교라는 이기심과 지나친 확신은 자신들이 외치는 진리, 사랑, 긍휼, 자비, 은혜, 행복 등의 황금률을 스스로 짓밟는 결과를 초래한다. 종교적 편견은 인간이 인간을 비참하게 만들어 버리는 분쟁과 전쟁만이 인류 사회를 뒤덮을 것이다. 우리는 역사를 통해 종교는 선택의 영역이지 완전한 단 하나의 종교가 확장시켜 나갈 수 있는 것이 아님을 알게 되었다. 권력과 힘을 가진 종교가 다른 종교를 두려움과 공포로 제압하고 살인을 감행하며 전쟁까지 치러왔지만 결과는 참혹했다. 서로의 존중과 배려가 없는 사랑과 자비와 진리가 있을까?

인간은 놀랍도록 지성적인 존재이지만 끔찍할 만큼 어리석기도 하다. 이 양쪽의 극단적인 면을 모두 가진 인간은 자신의 부모, 자신이 태어난 지역과 국가, 환경에서 특정 종교를 그대로 수용하여 주어진 신념과 신앙을 더욱 굳건하게 만들어 간다. 우린 이것을 뛰어넘어 각자가 니체의 말대로 자신의 의지를 통해 그 굴레를 벗어던지고 스스로 삶의 주인이 되어 자기 가치를 창조하는 '초인'이 되어야 한다. 신앙의 대물림이 아주 강한 유대인이었던 아인슈타인은 "신이라는 단어는 인간의 나약함을 표현한 결과물이며 종교의 경전에 경의를 표할 수는 있지만, 전설의 모음집이며 원시적 미신에 불과하다."라고 하였다. 성공회와 여러 개신교의 탄생지인 영국에서 태어난 스티븐 호킹 역시 "물리학, 우주의 시스템에 신의 존재는 염두에 둘 수 없다."라고 하였다. 이들의 선택이 옳다는 것이 아니다. 이렇게 신앙, 이념, 가치관을 종속되게 하지 않기 위해서는 스스로 역사와 종교, 철학 등을 깊이 연구하여 자신 스스로 선택할 힘을 가져야 한다는 것이다. 그렇지 못할 경우 결국 누군가의 말을 따르고 순종해야 하는 삶을 살아가게 되며, 그 선택이 잘못되거나 이런 나약함을 눈치챈 타인을 만나면 안타까운 인생을 보내게 될 위험이 많다. 그러므로 그 누구도 자신을 대신해 줄 사람은 없다는 것을 명심해야 할 것이다. 무지한 상태에서 어느 특정 종교에 빠졌다가 회의를 느끼는 사람이 있다면 용기를 내어 새로운 삶을 살기를 바란다. 종교는 자발적으로 선택해 종교 단체 내에서 생활을 통해 유익을 얻어야 하며 행복과 안식, 평안을 누려야 한다. 그렇지 않다면 과감하게 한 걸음 물러나 자신과 그 종교와 종교인을 면밀하게 살펴보길 바란다.

존재하는 모든 것은 이미 신비로움 그 자체이다. 우주라는 공간은 어디서 어떻게 생성되었는지 알 수 없지만, 존재하는 것의 원인이 되는 그 존재 역시 또 어떤 것에 기인한 것일 텐데…. 이것이 어떻게 신비로움이 아니겠는가. 우주의 수많은 은하계, 항성, 행성의 다양성, 지구 내에 존재하는 수많은 생명체의 다양성이 어떻게 신비로움이 아니겠는가. 인간의 존재 그 자체가 이미 신비로움이다. 또한 모든 물질은 근원이 존재할 것이며 거슬러 올라가면 존재의 근원 즉 종교에서 말하는 신이 있을 것이라는 생각은 전혀 비이성적인 생각이 아니다. 그러므로 종교가 생기는 것은 자연스러운 일이며 인간이 종교의 신비를 믿는 것 역시 선택의 영역인 것이다. 과학적으로 증명하고 확신하기 어려운 영혼의 세계는 확언할 수 없는 미지의 세계이다. 인간이 영혼의 또 다른 세계로 갈 존재, 즉 우주의 물질세계에 잠시 머물게 된 존재라는 믿음은 우리의 바람일 뿐 우린 우리가 확인 가능한 모든 물질과 조금도 다르지 않은 존재이다.

우리가 사후 세계, 영적 세계, 우주 밖 그 어딘가의 세계, 태초 그 이전의 세계, 우주 공간과 모든 만물을 존재하게 한 그 근원의 개인적 신앙, 신념, 허상, 망상, 바람, 기대, 추측이나 짐작을 내려놓고 솔직하고 진솔하게 '인간의 한계, 시대적 한계' 등으로 증명하고 밝혀낼 수 없다는 것을 인정해야 한다. 겸손히 우리의 삶에 충실하게 살아가는 것이 최선이며 그 충실함이란 행복한 삶을 향한 열심인 것이다. 이 기반 하에 신앙생활이 더해져야 할 것이다. 그렇기에 각 개인은 신앙의 자유가 있어야 하며 결코 강요, 현혹, 세뇌 등 인간의 정신을 강압적으로 지배하는 일만 벌어지지 않는다면 종교 생활은 인간에게 분명 유익을 가져다준다. 우리는 부모, 부부, 친구, 가족 등 그 누구와도 연결이 되어야 하는 존재인데 만약 사람들과의 네트워크가 원활하지 못한 사람이 있다면 종교는 더욱 큰 힘이 되어 준다. 아무도 들어주지 않고 관심 가져주지 않는 자신의 이야기와 속마음을, 기도를 통해 있는 그대로 털어놓을 수 있는 대상을 종교가 제공해 주는 것이다. 게다가 이런 기도는 마음과 몸을 치유해 주는 결과까지 선물한다.

개인의 행복과 존엄이 항상 종교보다 소중하길 기대하며 개인이 종교에 헌신할 때에는 반드시 스스로 명확한 분별력을 가진 상태에서 선택하길 바란다. 그리고 국가와 부모, 사회는 연약하고 쉽게 의지할 수밖에 없는 약자들의 삶을 송두리째 앗아가는 종교로부터 보호해야 한다. 비이성적이고 상식적이지 않은 종교에 자신과 가족을 희생시키는 일이 벌어지지 않기를 진심으로 바란다. 종교를 통해 삶의 희망과 소망을 얻기를 바라며 그 힘으로 사랑을 실천하며 행복한 삶을 영위하길 바란다.

우린 반드시 사랑해야 한다.

2) 세상과의 사랑

　우리가 태어난 지구라는 행성을 보라. 그래도 인간이 살기에는 우리 주변 행성들에 비하면 천국이 아닌가? 특별한 과학 기술의 도움 없이도 살아갈 수 있는 유일한 곳 아닌가. 그리고 우리의 상상을 뛰어넘는 다양한 생명체와 함께 살고 있으며 신비로움으로 가득한 곳이 아닌가. 아침에 비치는 햇빛은 하루를 설레게 하고 푸른 하늘은 희망을 품게 해 준다. 따스한 햇살은 나의 심장을 뛰게 하며 온갖 아름다운 생명체는 나의 호기심과 상상력을 춤추게 한다.
　지구는 생명을 이어가는 데 여러 고난을 주지만 그 고난을 통해 인간은 더욱 성숙해지고 본능을 넘어선 인간으로 성장한다. 역사의 소용돌이 속에 놓인다 해도 인류의 밑거름이 되어 줄 수 있으며 잠시나마 유(有, existence)를 경험했다는 것만으로도 기적을 선물 받은 것일지도 모른다. 인간이 영혼이 있고 윤회하는 존재가 아니라면 우리 모두는 무(無, non-existence)에서 탄생한 것이다. 비록 인간의 한계와 무지함 때문에 이것에 완전한 이해가 불가능하겠지만 주어진 감각으로 세상을 경험해 보는 것이 어쩌면 상상도 할 수 없을 만큼 큰 축복인지도 모른다.
　그러므로 우리에게 주어진 세상을 사랑하자. 사랑은 선한 마음이며 선한 마음을 가진다는 것은 우리를 더욱 아름답게 만든다. 이 세상을 경험한다는 것만으로도 세상을 사랑할 만한 것으로 여기며 살아가자. 그것이 오해라 하더라도 그 오해가 우리에게 주어진 인생을 얼마나 행복하게 만들어 주는가. 이런 오해라면 백 번이라도 하자.
　그리고 이 세상이 주는 모든 것을 사랑하며 살자. 우린 음악을 통해서도 위로를 얻으며 누군가에게 음악은 삶의 목표와 목적이 되어 주기도 한다. 한 편의 시, 한 권의 책은 또 어떠한가. 미술, 건축, 스포츠, 수없이 다양한 각 분야를 사랑하는 삶은 우리를 얼마나 인간답게 살 수 있게 해 주는지 생각해 보라. 누군가의 인생이 담긴 작품, 깊은 철학이 담긴 작품, 영혼을 담은 듯 심금을 울리는 작품, 인간의 한계에 도전하는 땀방울, 주어진 자신의 일에 최선을 다하는 모습은 그저 바라만 봐도 감동을 선사한다. 그러니 스스로가 혼신의 힘을 다해 주어진 자신의 재능을 표현하는 사람은 어떻겠는가. 인류를 위한 사명감까지 가진 채 최선을 다할 때 당사자는 살아가야 할 의미를 찾고 살아있다는 것을 느끼며 그 속에서 좌절과 감동, 희열, 성취감을 만끽한다. 인생, 살아있는 것을 느끼는 것이다. 우주라는 상상조차 할 수 없는 공간에, 우리 은하계에서 티끌만도 못한 태양 바로 옆에 먼지보다 작은 지구에 그 작음을 형용할 마땅한 어휘도 없는 인간으로 태어났지만, 각자가 잘할 수 있는 것, 즐거운 것, 행복한 것에 전념을 다해 볼 기회가 있다는 것이 얼마나 감사한 일인가. 사랑하지 않을 이유가 없다.

또한 우리는 인간과의 관계, 신과의 관계 외에도 수없이 많은 생명체와의 관계에서도 위로와 평안과 행복을 얻는다. 다양한 반려동물, 식물들을 생각해 보라. 최고의 친구이자 가족, 사랑하는 사이가 되어 준다. 그들과의 교감은 단순히 위로와 행복을 주는 것을 넘어 우리의 생명을 지켜주기까지 한다. 세상이 험하고 인생이 쓰다고 하지만 인간은 그런 상황 속에서도 잘 살아갈 수 있는 다양한 방법과 도움을 주는 존재들이 있다.

우린 반드시 사랑해야 한다.

4. 자신과의 사랑

외로운 인간

온유안

인간은 외로운 존재이다
그 외로움이라는 감정을 느끼지 않으면 다행이련만
그 외로움은 우리에게 처절하고도 깊게 스며든다

실존주의자들은 인간이 세상에 홀로 내던져진 존재라고 말한다
가족 친구도 있지만 본질적으로는 혼자이며 인생은 결국
혼자였다는 것을 증명해 준다

바쁜 일상 누군가와 끊임없이 연락을 주고받는 시절에는
전혀 체감되지 않는 외로움은 고약하게도 가장 힘들 때
그 순간을 기다렸다는 듯 어떻게 알고 찾아온다

아플 때 경제적 어려움이 닥쳤을 때
도움이 절실하게 필요할 때
그리고 인생의 마지막을 향할 때
이보다 더 쓸쓸할 수 없을 만큼 외로움은
치명적인 슬픔을 던져주고는
인간이 얼마나 외로운 존재인가를 경험케 한다

굳이 경험하고 싶지 않은데도 말이다.

1) 나를 만나자.

부족한 나.

　영화를 보러 가 카드 결제 후 입장권 확인하느라 잠시 신경을 뺏겨 카드를 꽂아 둔 채 돌아왔다. 확신하지만 혹시 몰라 카드가 분실물로 접수되어 있는지 통화를 먼저 시도했다. 안내 멘트 기다리랴 상담사 연결 기다리랴…. 어렵게 통화가 되었는데 담당자가 아니라 알아보겠다고 한다. 다시 기다렸다. 얼마 후 전화가 왔는데 본인이 직접 와서 수령해 가야 한단다. 카드라서 본인 확인이 되어야 하니 신분증까지 지참하란다. 그렇게 다녀오니 오전 2시간이 사라졌다. 잠시 깜빡한 나의 한순간의 실수가 여러 다른 일을 하지 못하게 했다. 기분은 당연히 좋지 않다. 왠지 시간을 허비한 기분이 들어 운전도 제법 급하게 하게 되었다. 사고가 나지 않은 것이 다행이었다. 그러나 우리는 이런 실수를 할 수 있는 존재이며 충분히 더한 실수도 할 수 있는 존재임을 잊어서는 안 된다. 스스로를 위로하기 위해, 합리화하는 것이 아니다. 인간의 이성, 기억력, 사고력, 판단력, 분별력은 생각보다 뛰어나지 않다. 그리고 하루하루 컨디션에 따라 다르며 늘 변한다. 우리에게 주어진 인생이 한 번뿐이고(윤회하지 않는다면) 비록 짧지만 이런 일들로 채워진다 하더라도 어떤가? 뭐가 그리 억울하고 분해서 화를 삼키는가? 웃으며 나를 아껴주자. 그래, 충분히 그럴 수 있으며 그게 우리다. 누군가 카드를 발견한 사람이 직원에게 맡겨준 것이 얼마나 고마운가. 그리고 안전하게 잘 다녀오지 않았는가. 우린 충분히 잘 살아가고 있다. 사랑을 받아 마땅할 만큼 충분히 잘살고 있다. 나를 이해하자.

부모와의 아픔을 간직한 나

부모의 사랑은 받아 보지 못하고 성장하였거나 성품과 인격 등이 부족한 부모와의 갈등 때문에 힘겹게 살았는가? 그 마음의 아픔과 아쉬움, 혹은 상처를 안고 살아가야 하는 이들에게 따뜻한 위로를 전한다. 그리고 응원을 보내고 싶다. 충분한 사랑을 받지 못해 자신의 뜻과는 달리 생겼을 여러 문제를 피하지 말고 맞서길 바란다. 예를 들어 작은 실수도 용납하지 않은 부모에게서 성장한 사람은 자신도 모르게 자녀에게 동일하게 하고 있는 자신을 느낀다. 깜짝 놀라 주의하려고 하지만 몸이 기억하고 있어 순식간에 반응하고 만다. 폭력에 노출되었던 사람은 화를 품고 살아간다. 무관심 속에 성장한 사람은 자신도 자녀에게 무관심할 수 있다. 좋은 부모를 만나지 못한 것도 안타까운데 이런 아픔의 상처들까지 물려받아 평생을 고생하게 된다. 그러나 이 상처들을 외면하지 말고 맞서야 한다. 십수 년을 그런 환경에서 성장했으니 하루아침에 달라질 수는 없지만 노력한다면 얼마든지 달라질 수 있다. 쉽게 변할 수 없는 부분이지만 노력을 멈추지 않는다면 달라질 수 있다. 그렇게 노력하는 당신, 스스로에게 무한한 용기와 격려를 보낸다. 세상 아무도 알아주지 않더라도 자신이 알고 있으니 스스로에게 격려와 응원을 보내길 바란다. 그 누구도 대신해 인생을 살아주지도 않고 살 수도 없기 때문이다. 절벽에 떨어진 씨앗이 누구를 탓하겠는가? 그 씨앗은 자신의 환경을 탓하기보다 자신이 처한 상황에서 꽃을 피우기 위해 최선을 다할 뿐이다. 그리고 반드시 그 꽃은 피게 되어 있으며 그렇게 핀 꽃은 그 어떤 꽃보다 신비롭고 아름다움을 선사한다. 좋은 부모를 만나지 못했다고 상심하지 말라. 당신은 더 아름다운 꽃을 피울 기회를 얻었는지도 모른다. 어렵게 성장한 당신의 인생을 통해 전해지는 사랑의 진함은 분명 자녀를 더욱 감동케 할 것이다.

사랑의 아픔을 겪은 나

인간의 본능은 강력해서 타인의 호감은 피해 갈 수 없는 감정이다. 그러나 타인과의 사랑을 경험하는 일이 생각보다 쉽지 않다. 누구나 호감을 갖는 대상은 소수이기 때문에 늘 경쟁자가 존재하며 그 치열한 경쟁을 뚫고 호감에서 사랑으로 발전한다고 해도 성격, 성향, 가치관, 신앙, 사회적 위치, 경제력 등의 퍼즐 조각이 맞추어지지 않아 이별하고 만다. 자신의, 혹은 서로의 합의 하에 이별이 진행된다면 그나마 다행이지만, 상대로부터 일방적으로 이별을 통보받게 되면 그 충격은 사랑한 만큼 아프다. 때론 견딜 수 없을 정도로 큰 슬픔에 휩싸이며 일상생활조차 제대로 할 수 없는 지경에까지 이른다. 사랑한 마음이 왜 이토록 큰 상처와 아픔을 준단 말인가? 그 이별의 원인을 제공한 사람이 자신이었다 하더라도 이별의 아픔은 정말 크다. 그러나 그 아픔은 인생에서 반드시 필요한 약과 같다. 이 약을 결혼 전에 먹는다면 최고의 효과를 볼 수 있기 때문이다. 이별은 좋은 사람을 선택할 수 있는 분별력을 키워주며 자신을 돌아볼 기회를 제공해 스스로가 한층 성장할 수 있도록 도와준다. 물론 기회를 제공해 주는 것이지 이별을 한다고 해서 무조건 그 보상을 받는 것은 아니다. 그리고 처음 만났을 때의 설렘과 만나는 동안의 행복한 추억은 그 당시의 하루하루를 행복으로 채워놓았을 테니 사랑하며 살 이유가 충분하다.

　이보다는 사랑을 시작하기 어려운 이들도 많다. 내성적이고 사람들과 어울리는 것을 좋아하지 않는 성향을 가진 사람들 뿐 아니라 내가 좋아하는 사람은 다른 사람을 좋아하고 서로 좋은 감정 정도에서 머무르다 기회를 놓치기도 한다. 어떤 사람은 사랑하는 사람을 쉽게 만나고 누군가는 사랑하는 사람을 만나는 일이 세상에서 가장 어려운 일이 되어 버리기도 한다. 공원이나 여행지를 가 보면 서로 사랑하는 사람들로 가득하여 누구나 쉽게 만날 수 있어 보이지만 생각보다 많은 사람이 사랑하는 사람을 만나지 못한 채 살아간다. 사랑하며 사는 것이 좋다고 아무하고 사랑하는 감정을 만들 수 있는 것도 아니다. 그래서 누군가에게 사랑은 영화와 드라마에서나 나오는 기적 같은 일로 여겨지기도 한다. 그러나 좌절하거나 스스로를 비하하지 말자. 스스로 더욱 좋은 사람이 될 수 있도록 노력하고 행복하게 살 수 있는 다른 여러 방법을 모색하여 기쁨이 샘솟는 삶을 살다보면 그 아름다운 삶의 향기와 좋은 성품의 향기가 좋은 결실을 볼 수 있도록 퍼질 것이다. 이별의 아픔과 상처의 추억이 평생 남아 있지도 않을 것이며 좋은 사람을 결국 만나 행복하게 살게 될 것이다. 이 희망을 찾아 하루하루, 자신을 사랑하며 자신이 사랑하는 것들을 하며 행복하게 살기를 응원한다.

혼자의 삶을 선택하거나 혼자의 삶을 살아가는 사람들 역시 자신을 사랑하는 일만큼은 소홀하지 말자. 우리 모두는 결국 우주에 홀로 남겨진 고독을 경험할 수밖에 없는 존재 아닌가. 자신만의 삶의 방식을 발견해 나가고 지혜롭게 인생을 설계해 나가길 응원한다. 그러면 오히려 섣부른 만남이 가져올 아픔과 끔찍한 결과를 피할 수 있다.

타인과의 아픔을 겪은 나

우리는 살아가면서 수많은 사람을 만난다. 여러 가지 이유로 만나고 헤어짐을 반복한다. 세상이 다양한 만큼 만나는 사람들도 다양하다. 여러 이유로 만나 함께 살아가는 동안 우린 점점 마음의 문을 쉽게 열지 못하게 된다. 순수하고 맑은 마음을 가지고 인생의 첫걸음을 시작하면서부터 타인을 경험하게 되고 만나는 이들에게 호의를 표하지만 불편함, 실망과 배신감, 증오와 두려움 등 온갖 마음의 상처를 받는다. 인간의 불완전함은 서로에게 본의 아니게 상처를 주기도 하고 인간이 지닌 이기심, 거친 성품, 공격성, 질투, 욕심 등의 특성을 통해 심각한 피해를 준다. 어린 시절부터 괴롭힘에 시달리며 또래들끼리 어울리며 한없이 즐거워야 할 학창 시절을 지옥처럼 보내는 이들도 많다. 사회생활은 더욱 위험천만해서 조금의 빈틈, 허점, 약점만 보이면 야생의 하이에나처럼 달려든다. 안타깝게도 열악한 환경에서 성장하는 사람일수록 타인의 거부감을 강하게 경험하게 되며 결국 사회와 단절하며 살아가게 된다. 대인관계 자체의 불신과 외면은 개인뿐만 아니라 사회를 병들게 한다. 타인을 신뢰하고 믿었던 이유만으로 상처와 고통, 피해를 당해 보지 않은 사람은 없을 것이다.

 2020년 코로나19의 그늘이 전 세계를 강타했던 시기 20대 사망자가 2,706명에 이르렀다고 한다. 전년 대비 12.8%나 증가했는데 이 중 고의적 자해(자살)에 따른 사망이 54.3%나 되었다고 한다. 사회적 단절 상태에서 취업난, 부동산 폭등으로 상대적 빈곤감과 좌절의 고통이 가져다준 결과로 보고 있다. 여기서 가장 중요한 것은 사회적 단절 상태였다는 것이다. 전쟁 속에서도 인간은 쉽게 스스로의 삶을 포기하지 않는다. 아무리 어렵고 힘든 상황이 닥쳐도 이겨 낼 힘을 가지고 있다. 단, 그 힘은 함께하는 누군가가 있을 때 발휘된다.

 인간은 생존을 넘어 더 좋은 사회, 문명을 만들어 가기 위해서는 반드시 협력해야 하기 때문에 공동체를 이루며 살아가는 것은 피할 수 없다. 그 안에서 온갖 문제가 발생하고 우리 모두는 타인의 동일한 위험에 노출되어 살아간다. 이 순간 혼자인가? 소외된 이웃, 약자를 대하는 태도를 보면 개인과 사회의 성숙도를 알 수 있다고 하였다. 인간은 자신의 생존을 위해서라도 반드시 이웃, 타인, 국가의 소중함을 깨달아야 하며 신체적으로 우월했던 네안데르탈인은 멸종했지만, 뇌가 작은 호모 사피엔스가 지구에 생존한 이유를 친화력으로 보는 견해가 있을 만큼 더불어 살아가는 세상을 만드는 것은 중요하며 생존과 직결되는 것이다. 인류는 지금까지 선한 물결이 나름 잘 이겨내고 이어져 왔으며 앞으로도 선한 이들이 세상을 만들어 갈 것이다. 왜냐하면 그래야 생존이 가능한 때문이며 사랑만이 생존을 가능하게 하는 세상이기 때문이다. 그러므로 스스로에게 가장 멋진 가족, 친구가 되어 주어 자신을 사랑하길 바라며 그렇게 인내해 시간이 지나면 반드시 세상 모든 곳에 흩어져 살아가고 있는 선한 사람들을 만나게 될 것이며 타인과의 아픔, 사회가 준 아픔들이 치유되고 회복될 것이다. 폴 발레리의 '해변의 묘지' 중 일부이다. 열세 살에 시를 쓰기 시작한 주목받는 문학 천재였던 발레리는 스물한 살에 이탈리아 제노바를 여행하던 중 "나는 누구인가, 산다는 것은 무엇인가?"라는 실존적 질문에 제대로 대답하지 못하는 자신과 마주한다. "끔찍한 밤이다. 사방에서 폭풍이 몰아치고 나의 운명이 머릿속에서 흔들린다. 나는 나 사이에 끼어 있다."라는 글만을 남겨 둔 채 20년간 문단을 떠나 자신을 돌아보았다. 그리고 긴 세월의 숙고를 깨고 드디어 그가 한 마디 던졌다. "바람이 분다. 그래서 살아봐야겠다. 부숴라. 파도여! 뛰노는 물살로 부숴버려라."라고.

우린 반드시 사랑해야 한다.

2) 나를 사랑하자.

　철학자 뤼디거 자르판스키(Rudiger Safranski)는 인간이 세 가지 큰 상처를 가지고 있는 존재라고 하였다. 그 첫 번째, 우리의 세계는 무한한 우주 안에 작은 일부일 뿐인 우주론적 상처를 가지고 있으며, 타고난 재능도 부족하고 주어진 환경에 제대로 적응하지도 못할 만큼 나약하여 지능으로 버티는 존재라고 보았다. 끝으로 인간이 의식하는 에고는 스스로가 누구인지 알지도 못하는 존재라고 하였다. 인간이 어떤 존재인지 감이 오는가? 이런 존재가 사랑까지 받지 못한다면 스스로 모든 것을 포기해 버리는데 그런 선택과 행동이 충분히 이해가 된다.

　그러므로 이렇게 연약한 생명체인 인간은 사랑을 받아야만 하며 사랑해야만 한다. 사랑받고 사랑하기 위해서는 반드시 필요한 과정이 있는데 그것은 바로 자신과 투명하게 만나야 한다. 여기서 투명하다는 것은 그 어떤 위선과 오해, 회피와 감춤도 없이 진솔하게 대면하는 것을 뜻한다. 우리 스스로가 얼마나 어리석은 존재인지 인식해야 하며 잘못된 확신과 맹신으로 비합리적이고 비이성적인 판단과 결단을 내리고 행동한다는 것을 명확하게 알아야 한다. 그러므로 끊임없이 모든 가능성을 열어둔 채 의심해야 한다. 비관적이고 비난적인 의심이 아니라 비판적 사고력을 갖춘 합리적 의심과 우리의 이성적 한계를 의심하는 것이다. 이 의심 안에는 겸손한 자세를 취한 자신이 존재해야 한다. 겸허히 모든 것을 받아들여야만 하는 지극히 작은 인간이라는 존재가 지구상에 존재하는 모든 생명체와 동등한 위치로 자리하고 있어야 한다. 그때서야 비로소 나를 만나 사랑할 수 있게 된다. 이와 더불어 가슴 깊은 곳에서 슬퍼하고 있는 나를 만나고 세상을 두려워하고 있는 나를 만나야 한다. 또한 부인하고 싶은 자신의 모습과 마주 서야 한다. 자신이 알고 있지만 내버려뒀던 모습들을 꺼내 아프더라도 숨김없이 따스한 햇살 아래에 내놓아야 한다. 우린 유전적으로, 후천적으로 가지게 되는 선하지 못한 부분을 품고 살아간다. 아무리 후회하고 반성해도 쉽게 소멸되지 않고 어느새 튀어나와 다시 한번 스스로를 좌절시킨다. 때론 문제되는 부분을 전혀 인식하지 못한 채 살아간다. 이 모든 것을 자신 스스로가 투명하게 볼 때 진정으로 사랑할 수 있으며 사랑을 받을 수 있다. 나에게 솔직했을 때 비로소 다른 이들에게 솔직해질 수 있으며 그 솔직함 위에 사랑을 키워 나가야 한다. 잊었다고 확신했던 기억 저편의 아픈 추억을 앞마당에 내놓고 따스한 햇살의 사랑을 비추어야 한다. 그것이 자신을 진정으로 사랑하는 것이며 타인과 세상을 사랑할 수 있는 길이다. 참된 사랑의 필수적인 요소는 바로 선하고 올바른 성품, 진리를 추구하는 열정이다. 그리고 이 요소들은 사랑을 만들고 사랑은 이것들을 완성한다. 이 둘은 강력하게 결합(amalgamation)되어 온전함을 추구한다.

그러나 이것이 말처럼 쉽지가 않다. 계몽이란 미성숙에서 벗어나는 것이고 자유의 시작이 된다. 자신을 깨달아 알아가는 것은 계몽의 본질이며 그러기 위해서는 지성이 필수적이다. 자신을 깨닫는 지성을 가지기 위해 많은 노력을 해야 하며, 지능도 필요하지만 인간의 연약함과 한계는 계몽에 도달하는 데 어려움을 준다. 그리고 더 중요한 것은 지성의 부족을 야기하는 가장 큰 이유는 환경과 개인적인 요소, 즉 인간으로서의 연약함과 한계가 아니라 위선과 교만이라는 것이다. 자신을 깨닫는 것이 쉽지 않지만 또 다른 측면에서 보면 충분히 가능하다. 오히려 자신을 깨닫지 못하게 하는 이유가 스스로의 위선과 교만에서 나온다는 사실을 깊이 묵상하고 이해해야 한다. 자신을 바르게 본다는 것, 객관적으로 판단한다는 것이 얼마나 어려운지 예를 들어 보자. 인간은 자신이 옳다고 믿고 살아온 어떠한 사실에 대항하는 진실이 밝혀질 때 목숨을 걸면서까지 부정하려 한다. 천동설이 신앙과 결합되어 지동설을 주장한 이들에게 어떻게 반응했는지 보라. 화형이라는 최고의 형벌을 가하려는 잔인함까지 보이지 않았던가. 한 종교, 이념, 사상 등의 믿음을 한평생 가진 사람들은 다른 종교나 새롭게 밝혀진 진실을 강하게 부정하고 수용할 능력조차 없다. 개인의 성격과 성품에서도 마찬가지 반응을 보인다. 자신이 살아온 방식, 사랑하는 방법, 가치관은 세월이 흐를수록 화석화되어 온갖 단점을 합리화, 변명 등의 철옹성을 만들어 방어한다. 모든 새로운 것, 다른 것을 수용할 수 있는 유연한 사고와 태도를 가진 사람은 보기 드물며 인간에게 이 능력은 주어지지 않았을지도 모른다는 의심마저 든다. 하지만 포기할 수 없다. 인간의 생존이 달린 문제이며 인간답게 살 수 있는 유일한 길이기 때문이다. 깨닫고 시도하고 실패해도 다시 도전해야 한다. 인간은 자신의 한계를 경험하면서 허무를 만난다. 우리는 지적 결핍과 육체적 한계에 도달했을 때 체념하고 포기하기도 하지만 때론 극복을 선택하여 오롯이 자신의 모든 것을 던지기도 한다. 자신이 원하고, 얻고자 하는 '갈망'이 모든 인간에 내재되어 있다. 고대부터 이러한 힘과 에너지, 본성을 '사랑'이라는 개념으로 정리해 왔다. 요한네스 로츠(Johannes B. Lotz)는 사랑에 관하여 인간을 '인간답게' 성숙시키고 개인의 고유한 능력을 드러내 주는 것이라고 하였다. 즉, 개인이 자신의 가치관을 정립할 때 사랑이라는 의미의 고찰이 반드시 필요하다고 분석하였다. 인간이란 어떤 존재인가의 질문에 답하기 위해서 사랑을 배제할 수 있는가? 한 인격체로서 고유한 가치를 드러내는 그 무엇인가가 있다면 우리에겐 사랑이 있을 것이다. 인간다움, 그 고유의 특징과 가치가 바로 사랑이라는 것에서 발현되는 것이라 할 수 있다. 그렇다. 우리에겐 사랑할 수 있는 능력과 사랑을 받을 수 있는 기회가 있다. 자신 앞에 투명하게 서서 자신을 사랑하라. 자연이 스스로의 자정능력(self-purification capacity)이 있어 원상회복을 하듯, 사랑으로 자신을 되찾고 아름답고 행복한 삶을 살아가길 바란다. 이 얼마나 다행스러우며 놀라운 일인가. 우리는 우리 스스로를 사랑할 수 있는 능력이 있다. 나 자신에게 용기를 줄 수도 있고 스스로를 위로할 수도 있으며 용서할 수도 있다. 그 누구에게도 사랑을 받아 보지 못했다 하더라도 자신을 사랑할 수 있는 능력이 주어졌으니 사랑하라.

3) 자신을 사랑하는 또 하나의 길

　온전한 나와 마주하고 나를 안아 주었다면 이제 내가 사랑하는 사람을 만나고 내가 사랑하는 일을 하자. 인류는 코로나바이러스 전염병(COVID-19)으로 사상 초유의 사태를 경험했다. 이동의 제한을 전 세계적으로 경험할 것이라고는 상상하지 못했으며 뜻하지 않게 인간이 어떤 존재인지 명확하게 알 수 있게 된 계기가 되었다. 사람과 사람이 만나지 못한다는 것이 얼마나 무서운 재앙이 되는지, 그리고 사람과 사람 사이에 신뢰가 사라지면 얼마나 삭막한 사회가 되는지 우리는 몸소 경험하게 되었다. 인간은 혼자 살 수 없는 존재임을 지식이 아닌 경험으로 배운 것이다. 만남의 장소가 폐쇄되고 사람이 모이는 모든 공연, 스포츠 그리고 개인과 단체의 모임이 봉쇄되었을 때 지구 전체가 정지된 것만 같았다. 회사와 학교 등 멈출 수 없는 기관과 단체는 비대면으로 전환하여 업무와 학업을 이어 갔지만 득보다 실이 많다. 2020년 코로나가 시작된 해에 고독사가 4,000여 명이나 되었다. 외로움은 정신에 심각한 손상을 입힌다고 한다. 자살 또한 꾸준히 증가하고 있으며 자살 고위험군 또한 늘어가고 있다. 2016년 자살 시도로 응급실을 내원한 사람이 8,327명이었는데 2020년에는 2만 2,572명이나 되었다. 1명의 자살 사망자가 발생하면 자살 시도자, 즉 자살 고위험군이 20명 정도 발생한다고 한다. 이 얼마나 안타까운 일인가? 자신이 자살 고위험군이 되지 않기 위해서라도 주변 사람들에게 적극적인 관심을 가져야 한다. 또한 생명은 우주만큼 소중한데 한국에서만 매일 38명이나 스스로 생명을 끊고 있다. 한 해 1만 3,800명이 자살로 생을 마감하다니 이 얼마나 안타까운 일인가? 전 세계의 통계는 추정하기조차 어렵다. 검은 우주 배경에 아름다운 푸른 별 지구에서 이토록 슬픈 일이 일어나고 있다는 것이 믿어지지 않는다.

　이런 통계를 통해 사랑이 얼마나 인간의 생존에 중요한 영향을 끼치는지 분명하게 알 수 있다. 그러므로 자신을 사랑하는 만큼 사랑해야 할 사람들을 사랑하라. 스치는 모든 인연에 감사하고 서로가 존재하기에 각 개인이 존재하는 것이다. 타인에게 작은 관심을 가지고 그들에게 친절과 미소로 대하길 바란다. 타인의 삶을 행복하게 만들고 사랑으로 채워 준다면 곧 자신의 삶을 행복과 사랑으로 채우는 것이 될 것이다. 모든 생명체가 서로에게 엄청난 영향을 주고받으며 생존하는 시스템, 우주의 이치의 원인은 알 수 없지만 이미 주어졌으니 자신이 만나는 사람들을 넘어 온 세상을 사랑해야 하며 그 사랑은 곧 자신에게로 돌아올 것이다. 이 사랑을 오로지 자신을 위해서라도 하라. 아무 상관없다. 이 세상, 나 자신이 존재하지 않는다면 무슨 의미가 있단 말인가? 사랑해야 할 사람들, 인간의 할 수 있는 모든 일, 심지어 숨 쉬고 있는 상황만으로도 감사하며 사랑하라. 자신을 사랑하는 가장 훌륭한 일이 될 것이다.

5. 빛나는 사랑

1) 사랑하며 사는 삶.

　사랑, 듣기만 해도 설레지 않는가? 이제 사랑의 이야기를 마무리하려 한다. 사랑은 신의 본성인가, 신이 준 본능인가, 아니면 알 수 없는 무언가의 우연이며 그렇게 생겨난 모든 물질이 존재하려는 성질에서 비롯된 것인가. 우리 인간이 감히 속단하거나 단정 지을 수 있는 영역이 아니다. 사랑의 근원에는 다양한 생각이 있을 수 있으며 각자 판단해서 선택을 하겠지만 자신의 생각과 확신이 절대적이지 않다는 것은 명심해야 할 것이다. 그렇다면 사랑은 무엇인가? 분명한 것 한 가지는 인간에게 아주 중요한 필수 아이템이라는 것이다. 사랑이 없다면 모든 물질과 존재는 소멸할 것이다. 모든 물질과 생명체가 존재를 유지하기 위해서는 사랑이 필요하다. 또 한 가지 명심해야 할 것은 사랑이 보편적으로 주어지기는 하지만 노력 없이는 결코 발현되지 않는다는 점이다. 사랑을 받으며 성장하지 못하거나 사랑을 나눌 환경이 조성되지 않은 채 살아간다면 사랑은 없다. 그러므로 우리는 사랑할 수 있고 사랑할 줄 알며 사랑하는 다음 세대를 이 지구에 남겨야 한다. 지구에서 인간이 멸종되지 않는 것이 어떤 의미인지 우리는 알 수 없지만, 생명은 소멸하면 다시는 존재할 수 없을지도 모르기 때문에 지키려는 본능에 충실해 보자. 우리가 존재하기에 이 세상도 유의미한 것 아니겠는가.

　인간이라는 존재가 가지고 있는 능력과 본능 중 가장 고귀하고 소중하며 인간을 인간답게 만드는 한 가지를 선택하라고 하면 '사랑'이 아닐까? 이 사랑은 인간의 삶과 정신에 절대적인 필수 영양소를 공급하고 인간이 느낄 수 있는 가장 행복하고 아름다운 순간을 제공하는 것만은 부인할 수 없다. 태어났으면 살아야 한다는 것을 기정사실로 인정해야 하고 그렇게 할 수밖에 없다면, 우리는 질문을 멈추지 말아야 한다.

　'나는 어떻게 살 것이며 무엇을 위해 살 것인가?'

우리 개개인의 성장 환경과 각자의 성향이 각자의 인생을 만들어 가고 있는 지금, 순간순간을 가장 행복하고 가치 있게 채워 나가야 하지 않을까? 모든 생명체에게 주어진 존재 유지를 위해 최선을 다하는 것, 그 외에 인간이 해야 할 어떤 일이 있는가? 인간으로 태어나 행복하게 사는 것, 행복하게 살 수 있도록 돕는 것 이외에 우리는 무엇을 해야 하는가? 행복을 샘솟게 하는 원천, 바로 빛나는 사랑이다. 사랑은 세상을 아름답게 해 주며 모든 현실을 극복할 수 있는 힘을 준다. 아무리 힘들고 어려운 환경 속에서도 사랑이 있으면 그곳은 아름다운 천국이 된다. 이 마법 같은 사랑을 온 마음을 다해 영원할 것처럼 하라.

인간에게 가장 치명적인 것은 고립이 아닐까? 인간은 대중 속에 고독한 존재이며 세상의 변화는 점점 인간관계를 약화시켜 나가고 있고 외로운 존재로 만들어 가고 있다. 인간을 대신하는 수많은 발명품은 인간을 더욱 세상과 단절시키고 있으며 이에 적응이라도 한 듯 혼자 살아가는 방법을 터득해 나가고 익숙해져 간다. 하지만 고립은 인간 뿐만 아니라 많은 생명체에게 치명적인 결과를 안겨다 준다. 경제학자인 노리나 허츠(Noreena Hertz)는 현시대를 '고립의 시대'로 보았으며 개인은 소외감에 빠지고 인류는 상호 간의 신뢰를 잃어버리고 있다고 지적하였다. 고립은 인간의 생존에도 치명적인 위협을 주는데 이를 타파할 수 있는 것이 바로 사랑이다. 사랑은 삶이며 존재 그 자체이다. 인간은 사랑 안에 존재하며 사랑 안에서 살아간다. 그 안에서 스스로를 발견하고 타인을 발견하며 자신을 성숙시킨다. 그러므로 인간이 타인을 만나 사랑을 하는 것은 필연적이며 필수적인 근원적 행위인 것이다. 인간은 사랑을 하면서 성장하고 타인과 세상을 알아 간다. 부모와의 사랑, 가족과의 사랑 다음으로 타인과의 사랑을 하며 성장한다. 우주에서 지구라는 공간, 그 안에서 우린 사랑하며 살아가고 또한 살기 위해 사랑하며 사랑 때문에 살 수 있는 존재이다.

모든 생명체는 각각의 삶이 아름답게 빛나는 방향을 지향하고 있다. 존재 그 자체가 아름답기 때문이다. F.H.브래들리(Francis Herbert Bradly)는 'Essays on Truth and Reality'에서 "삶의 모든 양상은 결국 선으로 귀결되며 선은 결국 존재의 연속성 안에 있으며 지성은 바로 존재에 대한 선을 발견하여 진리라고 말한다."라고 하였다. 빛나는 사랑을 아름답게 하며 살자.

2) 감사한 마음은 사랑의 근원

우리의 생명, 우주, 이 모든 세상이 그냥 주어졌다. 누가 이 세상을 원했던가? 그렇기에 어느 것 하나도 감사하지 않아도 되는가? 여기에 또 하나의 선택이 남아 있다. 사랑을 하는 전제 조건이 되는 감사의 마음이 바로 그것이다. 힘들고 어려운 환경에서 태어나 살아가는 사람일수록 세상과 자신이 존재하게 된 것을 원망할 수 있다. 그럴 수밖에 없지 않은가? 인간은 생존의 본능에 따른 감각이 있으며 이를 통해 생존에 필요한 고통을 느끼며 아픔과 두려움, 공포를 가진다. 또한 인간은 세상을 정복하고 문명을 일으켜 지구 안에서 절대적인 위치를 차지하며 살아가지만, 홀로 남겨졌을 때에는 그 어떤 생명체보다 연약하다. 약간의 추위와 더위도 견디지 못하며 온갖 질병에도 쉽게 노출되고 혼자서는 거친 야생에서 생존하기 어려운 존재이다.

이런 인간이 치열한 생존 경쟁에서 살아남기 위해 주어진 것이 생각할 수 있는 힘이다. 생각의 힘은 도구를 만들어 환경을 극복할 힘을 주기도 하지만 공감 능력을 발휘하여 70억이나 되는 개인을 협력할 수 있게 한다. 그리고 생각의 변화는 새로운 문화와 사회 질서를 만들어 낸다. 지구라는 동일한 환경에서 어떤 생각들(신앙, 가치관, 이념, 사상, 이론 등)이 일반화되어 있느냐에 따라 한 개인은 전혀 다른 삶을 살아간다. 신분을 나눈 사회가 정당한 세상을 불평 없이 살아가기도 하고 인간을 물건 취급하는 세상을 아무런 저항 없이 살기도 한다. 이외에도 종교적 신앙, 개인적 신념, 정치-경제 이론, 여러 사상과 이념에 따른 다양한 사회를 어떻게 모두 거론하겠는가? 이 간단한 예만으로도 충분히 이해가 될 것이다. 여기서 중요한 것은 인간은 생각하는 대로 살 수 있다는 점이다. 한 개인이 인류의 삶을 쉽게 좌우할 수는 없지만, 자신의 삶은 충분히 컨트롤 할 수 있다.

'어떻게 살 것인가?'

내가 선택한 적도 없고 주어진 생명의 본능에 따라 살아가고 있는데 세상에서 내 뜻대로 되는 것은 하나 없고 온통 불합리한 환경만이 내 주위를 둘러싸고 있어 원망과 분노만을 쌓으며 살아갈 것인가? 나보다 좋은 환경, 좋아 보이는 환경에 놓인 이들과의 비교로 상대적 상실감, 박탈감, 빈곤감에 **빠져** 살아갈 것인가?

아니면 숨 쉬는 것, 세상을 경험해 보는 것만으로도 감사하며 살 것인가? 인간이 어떻게 이 세상에 존재하는지에 해답을 명쾌하게 얻지 못한다 하더라도 감사하며 살 수 있는 선택은 할 수 있지 않은가. 감사해야 할 대상이 누구인지 모른다 하여도 세상을 오감으로 느껴 보는 경험, 그 자체에 감사하며 살 수 있지 않은가? 그것이 일방적이고 고의적이며 자신을 위한 이기적인 생각에서 출발했다고 하더라도 그렇게 살 수 있는 능력이 주어졌다면 그 능력을 발휘하며 사는 것이 현명하지 않겠는가? 왜냐하면 감사하며 살면 인생이 정말 행복해지기 때문이다. 감사는 사랑의 시작을 돕는 중요한 요소이기 때문이다. 지금 내 옆에 누가 있는가? 부부, 부모, 자녀, 가족…. 그의 손을 따뜻한 마음으로 잡아 보라. 그 사람이 내 곁에 있어 얼마나 감사한지 잠시 생각해 보라. 내가 살아가야 할 이유이며 주어진 삶에 최선을 다해야 할 명분을 제공해 주고 있지 않은가? 나의 존재는 그들을 통해 실재하며 그들에게서 증명되고 그들과 함께 완성된다.

3) 지금, 사랑하라.

　17세기 수학자이자 철학자였던 파스칼(Blaise Pascal)은 "사람의 모든 고통은 혼자 조용히 방에서 지낼 능력이 없기 때문에 생긴다."라고 하였다. 인류는 역사 속에서 삶을 통해 홀로 살아갈 수 없는 존재라는 것을 끊임없이 교육받고 있는 것이다. 모든 고통과 아픔에서 벗어나게 해 주는 사랑, 지금 해야 한다.

　오늘, 지금 이 순간, 사랑하고 사랑해야만 하는 사람들에게 사랑을 전하자. 현재는 순간이며 우리가 느끼고 생각하는 것보다 빠르게 사라져 버린다. 그렇게 사라져 버리는 현재의 순간들이 어느새 모두 지나가 다시는 되돌릴 수 없게 된다. 인간은 아주 큰 착각의 마법에 걸린 것처럼 빠져 살아간다. 그것은 바로 자신에게 마지막 순간이 온다는 것을 깨닫지 못한 채 자신의 일이 아닌 것처럼 현재를 살아가는 것이다. 이 얼마나 놀라운 기적 같은 착각인가? 현재에 충실해 살아가는 순간순간에는 지루함을 느낄 만큼 시간의 흐름이 그리 빠르게 느껴지지 않는데 지나고 보면 찰나와 같이 빠르게 사라져 있다. 수십 억 년의 항성, 행성들의 시간과 비교해 인류의 조상으로 보는 호모 사피엔스 사피엔스는 4~5만 년이다. 문자의 발명으로 기록된 인류의 문명은 기원전 3,300년, 그로부터 5,300여 년이 지난 현재를 살아가는 우리는 100년을 살까 말까 한다. 그러한 데다가 사는 동안 목숨이 위험한 아찔한 순간을 몇 번이나 넘겨야 하는지 모른다. 유-아동기 때에는 기억에 남는 추억도 얼마 없으며 노년기 정신과 몸이 불편해지면 살아 있다고 해도 살아 있는 것이 아닌 시기를 보내게 된다. 우리가 우리의 의지대로 마음껏 활동하고 표현하며 살아 있음을 느낄 수 있는 시간은 6~70년도 채 되지 않을 수 있다는 것이다. 우리에게 허락된 이 시간은 우주의 수십 억, 수백 억 년 중 단 한 번이다. 윤회설이 사실이 아니라면, 영혼의 세상의 존재 유무를 떠나 현실 세계에서 살아있다는 경험은 지금 뿐이다. 지극히 미미한 존재인 인간이 우주 속에 찰나와 같은 순간 동안 존재해 보는 신비로운 사건이 벌어지는 것이다. 이렇게 신비롭고 기적 같은 우리의 삶의 순간순간이 어찌 소중하지 않을 수 있으며 찬란하게 아름답지 않을 수 있는가.

　사랑하는 사람들과 함께 하는 시간이 우리의 예상보다 적음을 잊지 말아야 한다. 지금 이 순간에도 우리는 이별을 향해 가고 있다. 과거로 돌아갈 방법을 찾지 못하는 한 우리는 사랑하는 사람과 함께 할 수 없는 순간을 반드시 맞이하게 되며 그 순간이 예상보다 빠르게 다가온다. 지금, 오늘 사랑을 전하고 사랑하라. 그리고 일회성으로 끝나지 말고 남은 삶 동안 무한히 사랑하라. 그래도 부족한 사랑이기에 더욱 간절히 사랑하라. 사랑은 신비롭게도 주는 사람도 사랑이 샘솟으며 받는 사람도 사랑이 채워진다. 더 놀라운 사실은, 사랑을 받은 사람의 마음에 사랑이 넘쳐 또 누군가에게 그 사랑을 전하지 않고는 견딜 수 없게 되는 것이다. 우리가 한 번 사랑을 했을 때 그 나비효과는 상상을 초월하는 결과를 초래하며 결국 그 사랑이 퍼져 나에게로 돌아온다. 이 기적 같은 일이 현실 속에서 일어난다. 그러므로 자신을 위해서라도 사랑해야 한다. 자신을 위하는 이기심 때문이라도 사랑해 보라. 그 사랑이 그 이기심마저 감싸 안아 줄 것이다.

　지금 사랑하며 사는 작은 실천이 세상을 사랑으로 채운다. 등산길, 자전거 도로에서 서로에게 응원을 보내고 인사를 나누는 경험을 해 본 적 있는가? 길을 잃고 헤맬 때 마침 같은 시공간에 머물러 있던 사람의 친절한 도움을 받아 본 적이 있는가? 운전도중 양보를 받고 뜻밖의 장소에서 친절한 배려 때문에 미소가 지어진 경험이 있다면 지금 그렇게 하며 살자. 심지어 아무것도 하지 않아도 된다. 입가에 미소만 지어도 세상은 사랑으로 가득하게 될 것이다. 누군가의 작은 친절과 타인에 대한 관심, 사랑 가득한 미소와 행동은 아름다운 초록별 지구를 더욱 찬란하게 만들 것이다.

4) 죽음까지 사랑하라.

　아직 죽음을 맞이하지 않은 인간은 아직 다가오지 않은, 그러나 언젠가 곧 다가올 앞으로의 죽음 때문에 절박함을 느낄 수밖에 없다. 인간은 결국 이 문제 앞에서 허무함에 직면하게 되며 시간과 공간의 한계 안에 있는 초라한 자신과 만나게 된다. 시간과 공간은 우리가 어찌할 수 없는 대상이다. 하지만 인간의 본성은 여기서 빛을 발한다. 우린 그 한계에 굴복하지 않는다. 극복하고 초월하려 노력한다.
　진정한 초월이 무엇일까? 개인적인 경험과 집단적 주장이 난무한 종교적 신앙으로 초월하는 것인가? 존재하는 듯 존재하지 않고 존재하지 않는 듯 존재하는 그 어떤 존재에 막연한 신앙을 가지는 것으로 충분한가? 수많은 종교 중에서 자신이 설득되었든, 세뇌되었든 혹은 스스로 선택한 진리와 신앙에 전념해 자신의 모든 것을 투신하는 것이 초월인가? 죽음을 초월하는 것이 과연 가능할까?
　행복한 삶을 산 사람일수록, 사랑하는 사람과 사랑하는 것이 많은 사람일수록 죽음을 피하고 싶을 것이다. 죽음을 초월할 수만 있다면 그 어떤 노력도 감수할 것이다. 모든 종교는 죽음을 초월할 방법을 제시한다. 그 제시된 방법 중 본인이 주도적이고 능동적으로 선택한다면 각 종교에서 원하는 대로 실천하며 살면 된다. 그러나 수많은 종교의 주장이 수용되지 않는다면 사랑을 권한다. 죽음까지 사랑하여 죽음을 초월하는 것이다.
　사랑이라는 감정은 이성이 개입해서 조절할 수 있다. 사랑으로 모든 것을 이겨낼 수 있다. 인간은 사랑의 감정에 지배되는 존재가 아니라 컨트롤 하며 삶을 영위하는 존재이다. 경제학자이자 사회운동가였던 스콧 니어링은 삶과 죽음을 동시에 깊이 고민한 사람이며 그 결과 사는 동안에도 노동자, 약자의 삶에 관심을 보이며 사회 운동가로 치열하게 활동하였으며 죽음도 적극적으로 맞이하였다. 아니 스스로 실행하였다. 지금 100세 시대라고 하지만 아직은 상당히 장수한 나이이며 모두가 꿈꾸는 나이이다. 스콧은 20여 년 전 건강하게 100세를 맞이했다. 죽음을 능동적으로 대처한 그는 100세가 되자 의미 없는 생명 연장을 택하기보다 죽음을 선택했다. 순차적으로 고형 음식을 끊고 주스 등 모든 음식물 섭취를 끊었다. 물만 마시다 1983년 여름 조용히 임종을 선택했다. 스스로 만족한 삶을 살았다고 여긴 스콧은 부인이 임종을 지켜보며 "당신은 훌륭한 삶을 살았어요."라고 마지막 인사를 하자 편안하게 "좋아"라고 답하며 최후의 순간마저 체험을 하듯 맞이했다. 자신의 마지막을 스스로 컨트롤 하며 생을 마친 스콧은 죽음을 초월했다고 볼 수 있다. 죽음 앞에 두려움과 공포를 느끼지 않았으며 회피하려 하거나 조금이라도 더 생명을 유지하기 위해 전전긍긍하지 않았다. 인간은 죽음 앞에 비굴해지거나 죽음 앞에 나약해지는 경우가 많다. 오히려 인간은 죽음을 피하기 위해서는 무슨 일이든 시도한다. 그러나 스콧은 그 누구에게도 짐이 되지 않을 수 있었던 순간 미련 없이 대담하게 죽음의 길로 걸어갔다. 아픔과 고통을 피하기 위해 죽음을 선택하는 경우는 많지만 그렇지 않은 상황 속에서 담담히 스스로 죽음을 맞이할 수 있을까? 인간은 태어나는 것, 태어날 때의 시대, 국가, 부모, 성별, 그 외 모든 환경을 스스로 선택할 수 없다. 하지만 성장하여 정체성을 확립하고 자유의지로 죽음까지 스스로 선택하는 것, 이것은 분명 죽음을 초월한 것이다. 이외에도 많은 사람들이 초연하게 죽음을 맞이한다. 자신의 삶을 정리하고 죽음을 인정하고 받아들이는 사람은 자신과 자신의 삶을 충분히 사랑한 몫이 아닐까? 원한과 분노와 미움이 가득하다면 죽음을 평화롭게 받아들일 수 없다. 자신의 신앙에 확신을 가진 사람, 믿는 신(神, God)을 사랑한 사람, 가족을 사랑한 사람, 자신을 사랑한 사람, 세상의 일을 사랑한 사람, 세상을 사랑한 사람은 사랑하며 살았기에 사랑이 주는 행복의 충만함으로 죽음까지 사랑할 수 있다. 이별이 아쉽고 죽음 앞에 무기력한 인간이지만 이를 사랑이 극복하게 해 준다. 마지막 모습을 담은 사진 한 장이 자신을 대신한 후 한줌의 흙, 가루가 될 안타까운 현실을 사랑이 초월하게 해 준다. 충분히 사랑받고 사랑한 사람은 죽음이 비극으로 다가오지 않는다. 왜냐하면 인간이 이 세상에 태어나 할 수 있는 가장 고귀하고 아름다운 것, 사랑을 했기 때문이다. 아무것도 아닐 수 있는 미비한 존재, 악을 행할 수도 있는 존재가 자발적으로, 자유의지대로 사랑을 선택해 우주보다 아름다운 사랑으로 인생을 수놓았기에 인간의 본능을 초월한 삶이 되었으며 그런 삶을 산 사람은 죽음을 초월할 수 있는 것이다.

그렇다. 사랑한 사람은 고독하고 쓸쓸하게 마지막 인생을 살지 않는다. 사랑은 베푼 만큼 돌아오기 때문이다. 잊히는 것을 두려워하지 말고 잠시나마 세상을 경험하고 우주를 상상해 본 것에 감사하라. 그리고 인간이 마음껏 펼칠 수 있는 상상력을 활용하라. 사실이 아니면 어떠한가? 영원한 삶이 우리를 기다리고 있으며 죽음은 마지막이 아니라 또 다른 시작일 수도 있지 않은가? 어차피 인간은 소멸된다는 것이 무엇인지, 없어진다는 것이 무엇인지 가늠조차 하지 못하지 않는가. 그리고 우린 죽는 경험은 할 수 없기에 죽음 이후를 알 수 없으며 죽어서도 사후 세계, 우주의 끝, 우주의 바깥, 우주의 시작과 원인 등의 지식과 지혜를 얻게 될지도 미지수이다. 그러므로 아름답고 행복한 미래를 꿈꾸고 그리며 사는 동안 무한히 사랑하고 죽음까지 사랑하라.

6. 사랑, 과연 우리가 할 수 있는가?

1) 의미를 부여하는 인간

인간이 가지고 있는 능력 중 아주 특별한 것이 있다. 이 능력은 인간을 인간으로서 살게 한다. 사유하는 능력은 상상력과 추론, 예측 등을 할 수 있으며 더 나아가 그것들을 신뢰하기까지 한다. 실제로 존재하지 않지만 존재한다고 믿는 놀라운 능력은 소집단을 이루며 살던 인간들을 대집단을 이루며 살 수 있게 했다. 한 인간을 신의 아들로 믿는 순간 수많은 사람들이 강하게 결집했으며 더욱 많은 사람들이 함께 살아가기 위해 필요한 것들에 의미를 부여해 지키게 했다. 인간의 공동체가 유지되기 위해 필수적인 윤리, 도덕 등이 옳은 것, 진리, 사랑으로 정의되었으며 공동체가 잘 유지되도록 법까지 제정하여 지키게 하였다. 법 역시 보이지 않는 약속이며 신뢰를 바탕으로 둔 것이다. 그리고 이념과 국가, 세계관, 가치관 등 실체가 존재하지 않지만 인간을 규합하고 살아가는 원동력을 제공하며 인간에게서 상상할 수 없는 에너지를 이끌어 내기도 한다.

또한 이 능력은 불안을 제거하기 위해 활용되기도 하였다. 파레이돌리아(pareidolia), 그저 구름일 뿐이며 어떤 시각으로 보느냐에 따라 다르게 보일 수 있는 것일 뿐인 구름에 의미를 부여한다. 자연 현상이나 독특한 경험에 의미를 부여해 현실의 어려움을 실제로 이겨내고 생명을 강하게 이어간다. 전쟁터에 나간 자녀가 반드시 살아 돌아올 것이라고 믿는 부모가 생명의 끈을 놓지 않고 살아내는 것처럼 말이다. 그리고 죽음 이후에 대한 소망과 희망을 확신으로 바꾸어 현재와 미래에 대한 걱정을 모두 소멸시켜버렸다. 신앙은 공동체를 하나로 만드는데 탁월한 역할을 감당하며 신앙으로 결속된 공동체는 다른 그 어떤 공동체보다 더 큰 힘을 발휘한다. 그리고 각자 믿는 바대로 주어진 인생을 최선을 다해 살 수 있게 해준다. 이렇게 놀라운 인간의 능력은 인류의 역사를 만들어 왔으며 앞으로도 만들어 갈 것이다.

우리를 이루고 있는 물질의 근원이 인간에게 진리와 정의, 사랑 등의 추상적인 명제들을 추구하며 살도록 한 것인지 아니면 앞에서도 언급했듯 모든 생명체는 멸종하지 않기 위한 본능을 가졌고 인간 역시 멸종하지 않기 위해 이 특별하고 독특한 능력을 최대한 활용하는 것인지 알 수는 없지만 인간은 그 능력을 통해 삶을 영위하는 것만은 분명한 사실이다. 그리고 이 능력으로 살아왔고 살아가고 있으며 살아 갈 것이다. 그러므로 우리는 사랑할 수 있는 존재이다. 나 자신을 사랑할 수 있으며 가족을 사랑할 수 있고 오늘 처음 만난 사람, 단 한 번도 만난 적 없는 사람들을 사랑할 수 있으며 인종과 국가와 이념, 종교를 넘어 모든 사람들을 사랑할 수 있다. 우린 충분히 사랑할 수 있는 존재이다.

사랑, 이제 해야만 하는 것을 너머 충분히 할 수 있다.

2) 사랑, 그 가볍지 않은 무게

 사랑을 찾아 긴 여정을 다녀왔다. 사랑, 결국 우리의 생존과 직결된 것이기에 우리는 반드시 해야 하며 우리는 충분히 사랑해 왔고 사랑할 능력을 가지고 있다. 그런데 여기서 아주 중요한 문제가 제기되고 있다는 것을 가볍게 보지 않았으면 한다. 이 사실은 정말 중요하며 깊이 사유해야 한다. 그것은 바로 인간이 사랑을 할 수 없는 존재일 수도 있다는 생각을 할 만큼 사랑은 쉽지 않다는 것이다.

 "사랑하세요, 사랑합시다, 사랑합니다, 사랑해요," 등의 말들은 많이 한다. 강의와 책을 통해 전하고 구호로도 외치며 유언으로도 남긴다. 사랑하라는 말은 참 쉽게 한다. 사랑한다는 말도 참 쉽게 한다. 그런데 사랑하는 것이 쉽지 않으니 많은 노력을 기울여야 한다는 말은 들어본 적 있는가? 사랑이 그리 쉬우면 앞서 살펴본 것처럼 어디서도 사랑을 찾을 길 없는 상황을 우리의 삶 속에서 직면하겠는가? 화해와 용서, 사랑보다 다툼과 이별, 억울함, 분노, 미움, 불만 등으로 세상이 짙게 뒤덮여 있지는 않은가? 인류의 역사 속에서 인간은 사랑의 힘으로 견디고 극복하여 지금에 이르렀다. 이 필수적인 사랑이 본능적으로 발휘되지만 우리의 사회에서는 누구나 쉽게, 본능처럼 자연스럽게 발현되지 않는다. 다시 말해 사랑이 실현되기 위해서는 많은 수고와 노력, 헌신과 희생이 동반되어야 한다. 사랑하며 산다는 것이 우리에게 주어진 가장 어려운 덕목이자 과제일 수 있다는 것이다.

 사랑은 우리 사회와 이 세상에 절대적으로 필요한 것인데 이 사랑을 하는 것이 쉽지 않다. 하지만 사랑을 하기 위해 노력해야 한다는 것을 깊이 느끼며 살아가는 사람이 얼마나 될까? '사랑', 누구나 아는 말이며 누구나 사용해 본 말이다. 하지만 사랑을 어떻게 해야 하는 것인지에 대해 알고 있는가, 이를 위해 얼마나 노력을 하고 있는가? 태어난 대로, 키워진 대로, 살아온 대로 오늘을 살아가며 내일을 살아가진 않는가?

 자, 우선 사랑한다는 것이 결코 쉽지 않음을 인식하길 바란다. 사랑은 용서를 동반하며 희생과 상처를 감수해야 한다. 이것은 본능적으로 피하고 싶은 것들이기에 우리는 사랑하는 사람을 만나기가 쉽지 않다. 사랑은 좋아하는 감정, 호감과는 차원이 다른 것이다. 상대를 온전히 이해할 수 있어야 하며 내 감정과 상황보다 상대방의 감정과 상황에 공감해야 한다. 사랑을 사랑으로 돌려주지 않을 수도 있으며 오해도 받을 수 있고 아픔과 상처에 노출될 수도 있다. 때론 엄청난 인내가 필요하며 나보다 타인을 배려하는 것이 좀처럼 실천되지 않을 수 있다. 그러므로 우린 누군가에게 쉽게 사랑하라는 말을 하지 말아야 하는지도 모른다. '사랑한다'는 말에 뒤따르는 책임과 의무, 노력에 대해 깊이 묵상해야만 한다. 더구나 '사랑하라'라고 말하는 그대는 사랑하며 살았으며 살고 있는가?

 온전한 사랑을 하기 위해서는 우리 스스로가 사랑받으며 산 경험이 있어야 하며 받은 사랑의 힘이 우리 안에 있어야 비로소 무리하지 않고 자연스럽게 사랑할 줄 알게 된다. 온전한 사랑을 받으며 성장해서 온전한 사랑을 나눌 상대를 만나 아름다운 사랑의 가정을 이루고 행복 가득한 사랑 안에서 삶을 마치고 싶은 마음은 우리 모두의 희망일 것이다. 이 이상적인 사랑의 삶이 쉽지 않더라도 우린 한 걸음, 한 걸음 다가갈 수 있지 않을까?

 진정한 사랑은 쉽지 않다고 포기하는 것이 아니라 더욱 잘 준비하고 말이 아니라 실천하기 위해 노력해야 하는 것이다. 이것이 바로 우리가 해야 할 사랑이다. 19세 이하 청소년 국가대표 축구 선수들이 초등학교 축구 선수들과 경기를 앞두고 있다면 어떻게 준비하겠는가? 반면 동일한 선수들이 세계 최강의 국가대표 팀이나 세계 최고의 축구팀과의 경기를 앞두고 있다면 어떻게 준비하겠는가? 동일한 팀이지만 전혀 다른 훈련과정과 마음가짐으로 준비할 것이며 경기 당일 동일한 19세 이하 청소년 대표팀이 전혀 다른 경기력을 보여줄 것이다. 우린 사랑하며 산다는 것이 그 어떤 것보다 어렵고 힘든 것임을 인식하고 준비해야 한다. 가장 어려운 상대일 수도 있음을 간과해서는 안 될 것이다.

그러므로 우리는 아름다운 삶, 사랑이 가득한 삶을 포기하지 말고 준비하고 도전해야 한다. 우리에겐 어떠한 어려운 일도 해낼 수 있는 희망이 내재되어 있기 때문이다. 자신의 부족한 부분을 묵상과 숙고함을 통해 스스로에게 솔직해져야 하며 그 부족한 부분들과 맞서야 한다. 타인을 배려하고 이해하는 데 집중하고 노력해서 마음의 폭을 넓혀 나간다면 기적과 같은 일이 일어날 것이다. 온전한 사랑을 위해 결단하고 자신과 가족에게 먼저 실천하며 살아가자. 가족을 사랑하지 못하는데 어찌 타인을 온전히 사랑할 수 있단 말인가?

그 누구를 위해서가 아니라 자신을 위해서 사랑하며 살기를 진심으로 응원한다.

[마무리하며]

사랑,
존재하는 듯 존재하지 않고 존재하지 않는 듯 존재한다.
간절히 요구되는 순간 어디에서도 볼 수 없지만
때론 기적 같은 일들이 사랑으로 일어난다.

현재 우리가 밝혀낸 수준에서 보면 우주의 모든 물질은 결국 쿼크, 양성자, 중성자, 전자로 이루어져 있으며 동일한 물질들이 다양하게 결합되어 있는 것일 수 있다. 우주의 역사에 비하면 지나치게 짧은 역사를 통해 얻어낸 지식이기에 100년, 1000년 후에도 변하지 않을 진실일지 현재로서는 알 수 없다. 과학기술의 발달은 인간의 확신들을 여지없이 무너뜨려 왔으며 도저히 상상할 수 없는 사실들을 증명해 보여 왔기 때문이다. 하지만 반대로 2300여 년 전 유클리드(Eukleides)가 그의 책 1권 첫 정의에서 '점은 위치를 갖지만 차원은 없다. 즉 쪼갤 수 없는 것이다.'라고 한 것을 보면 인간의 통찰력에 감탄하지 않을 수 없다. 이 당시의 과학 수준에서 사유하는 능력만으로 쪼갤 수 없는 단위를 생각해 내고 그것이 모든 것의 시작이라는 놀라운 판단을 한 것을 보면 현재 우리가 알고 있는 것이 수 천 년이 지나도 변하지 않을 진리일 수도 있겠다는 생각을 동시에 하게 한다.

즉, 우리는 사랑의 근원을 분명하게 알 수도 있고 전혀 엉뚱하게 믿을 수도 있으며 전혀 알 수도 없을 수 있다. 분명하고 확실한 것은 우리가 사랑이 존재한다고 볼 수 없는 일들과 사랑의 기적으로만 설명할 수 있는 일들이 혼재된 세상을 살아가고 있다는 것이다. 이런 상황 속에서 사랑이 선택의 영역이라면 우리는 어떻게 해야 할까? 사랑의 근원, 정체를 모른다 할지라도 우린 자신을 위해서 반드시 사랑해야 하지 않을까?

우리가 누구인지, 어디서 왔으며 어디로 가는지 알 수 없지만 신비로움으로 가득한 이 세상이 주어졌고 나의 존재 역시 그렇다. 우리가 만약 무(無)의 상태였다면 이 세상을 보고 경험해 본다는 것, 이 자체만으로도 기적 같은 일이 아닌가? 태어난 우리는 모두가 기적을 경험한 것이며 신비로운 세상을 체험하며 살았고 살고 있다. 이 생명의 기적이 사랑인 것이다. 그러므로 사랑으로 탄생한 모든 생명체는 존속하려는 본능을 가지고 있다.

이 세상 그 어떤 생명체도 홀로 지구에서 생존할 수 없으며 다른 선택의 여지도 없다. 사랑해야 함께 살 수 있는 존재들이 지구 안에서 서로에게 영향을 주고받으며 생명을 이어 가고 있는 것이다.

우린 사랑할 수 있으며 사랑해야만 한다.

사랑이 사랑 한다

온유안

사랑이 사랑 한다.

눈 뜨니 끝을 알 수 없는 우주 가운데
홀로 서 있다.
고독과 외로움은 좀처럼 친구가 되지 못한다.

우리 모두는 같은 상황에 놓인 존재이다.

사랑해야 하기에 사랑해야 하며
사랑할 수밖에 없기에 사랑해야 하며
사랑이 사랑 한다.

우리의 삶에서 가장 어려울 수도 있는 사랑이지만
그렇기에 더욱 최선을 다해 사랑에게로 한 걸음씩
나아가자.
사랑이 사랑 한다.

사랑이 사랑한다

초판 1쇄 발행일 2022. 03. 01
글 | 온유안
교정, 교열 | 남궁 유순
디자인 | 김영선
펴낸곳 | 더행복

등록번호 | 639-94-01636
등록일자 | 2022년 01월 01일
주소 | 세종시 반곡로 15
E-mail | platonlukas.naver.com

ISBN 979-11-977639-1-5

239